INCIDENCIA PÚBLICA

© del texto: Nacho Corredor y Adrian Jofre Bosch, 2024
© de esta edición: Arpa & Alfil Editores, S. L.

Primera edición: mayo de 2024

ISBN: 978-84-19558-83-1
Depósito legal: B 8074-2024

Diseño de colección: Enric Jardí
Diseño de cubierta: Anna Juvé
Maquetación: El Taller del Llibre, S, L.
Impresión y encuadernación: CPI Black Print
Impreso en Sant Andreu de la Barca

Este libro está hecho con papel proveniente de Suecia,
el país con la legislación más avanzada del mundo en
materia de gestión forestal. Es un papel con certificación
ecológica, rastreable, de pasta mecánica y con un
gramaje de 70 gr/m². Si te interesa la ecología, visita
arpaeditores.com/pages/sostenibilidad para saber más.

Arpa
Manila, 65
08034 Barcelona
arpaeditores.com

Nacho Corredor
y Adrian Jofre Bosch

INCIDENCIA
PÚBLICA

arpa

ÍNDICE

1. Dos crisis y un (posible) aprendizaje 11
2. Muchas empresas son imperfectas, pero algunas
ya hacen lo correcto 19
3. Las élites comprometidas evitan las revoluciones 31
4. Una nueva generación de líderes empresariales,
políticos y mediáticos 43
5. El sector de los asuntos públicos nació
con la democracia 63
6. La incidencia pública es el nuevo superpoder
de las organizaciones 81
7. La incidencia pública no son las relaciones
públicas 93
8. Las fases de implementación de la incidencia
pública 105
9. La negociación como recurso estratégico
y como actitud ante la vida 135
10. La comunicación dirigida al empoderamiento 155

EPÍLOGO 163

Dedicado a quienes contribuyen con sus vidas al interés general, a los empresarios que impulsan las grandes transformaciones, a los políticos que piensan en el largo plazo, a los sindicalistas que luchan por nuestros derechos, a los profesionales liberales que generan impacto, a los académicos que producen conocimiento, a los periodistas comprometidos con la democracia, a los estudiantes que construirán un futuro mejor, a los funcionarios que dedican sus vidas a los demás, a los ciudadanos que se organizan para defender sus causas (que son las nuestras) y a quienes siempre confiaron en nosotros y nuestra visión.

A nuestro amigo José Antonio Llorente.

I

DOS CRISIS Y UN (POSIBLE) APRENDIZAJE

«No pago buenos sueldos porque tenga mucho dinero,
tengo mucho dinero porque pago buenos sueldos».

ROBERT BOSCH

«No podemos gestionar la economía del siglo XXI con los instrumentos del siglo XX». «*Le laissez faire, c'est fini*». «Estamos ante el fin de un mundo que se construyó sobre la caída del muro de Berlín, cuando una generación creyó que la democracia y el mercado arreglarían por sí solos todos los problemas». «Hay que refundar el capitalismo». El autor de estas afirmaciones es la misma persona. Lo dijo el conservador Nicolas Sarkozy, presidente francés, tras volver de un viaje a Nueva York. La transversalidad aceptada del diagnóstico podría ser un buen síntoma, porque podríamos estar ante un excepcional consenso. La crisis financiera del 2008, decía él, evidenciaba que nada podía seguir siendo igual. El capitalismo no se reformó, al contrario de lo que decía desear, pero unos cuantos capitalistas protagonizarían años después una nueva etapa. Nada podía seguir siendo igual. Porque para sobrevivir, para evitar el colapso, es necesario hacer las cosas de otra manera introduciendo nuevas fórmulas que contribuyan a la estabilidad y al progreso económico y social. Y porque si no se hace, quizá, la próxima vez no hablaremos de reformas, sino de revoluciones. Veamos.

La crisis del 2008 fue una crisis económica, política, social y también ética. Y sobre el origen ya hay hoy otro gran consenso: el sector financiero logró sus máximas cuotas de poder a nivel global tras sucesivos procesos de desregulación, cesión de soberanía por parte de los Estados, pérdida de poder por parte de los estados-nación, el triunfo de una determinada manera de entender la economía y la sociedad, la complejización de un sistema bancario incomprensible para muchos de quienes estaban dentro y fuera de las instituciones, todo colapsó y algunos aprovecharon la ocasión. Fue la época en la que se evidenciaron en todo el mundo las limitaciones de los poderes públicos en un sistema en el que el poder también está repartido con los actores privados. Y entraron en competición. La mayoría perdieron. Miles de empresas cerraron en España. Centenares de miles de personas se quedaron sin casas. Millones de trabajadores perdieron sus empleos. Decenas de miles de autónomos cesaron su actividad. Nuevos actores políticos entraron en escena en todo el mundo. Crisis económica. Crisis política. Crisis de la democracia. La economía tardó años en recuperarse. Algunas heridas siguen. Y quienes fueron responsabilizados entonces del colapso de todo el sistema hoy siguen cuestionados. Más de diez años después, en plena crisis de la covid-19, volvían los temores. ¿Estaba preparado el sistema para sobrevivir asumiendo un nuevo colapso económico, político, social y ético tan solo una década después? Probablemente no. El mismo sector, la banca, que fue responsabilizado una década antes de lo ocurrido podría ser ahora parte de la solución. ¿Lo fue? En gran medida, sí. Estamos ante una nueva crisis global de la que se pudo salir gracias a la colaboración entre el sector público y privado. Salvar lo privado salvando también lo público. O viceversa. En primer lugar, porque las vacunas nos permitieron volver a la normalidad. Y las vacunas fueron posibles gracias a grandes dosis de financiación pública e investigación y financiación privada. La alianza entre Oxford y AstraZeneca forma ya parte del (buen) legado de la colaboración entre instituciones y empresas. Y, en segundo lugar, porque sin las decisiones que tomaron las principales economías del mundo convirtiendo a las instituciones en los principales garantes del contrato social, a diferencia de lo percibido (y vivido) en 2008, a través de la protección de los trabajadores y las empresas, y con la ayuda de los bancos, no hubiera sido posible nuestra supervivencia.

La banca adoptó un papel clave a la hora de contribuir al mantenimiento de miles de puestos de trabajo y con ello a la supervivencia de muchas empresas y negocios. Al contrario que en 2008. Pero, sobre todo, la banca tuvo un papel fundamental inyectando liquidez al sistema, con el aval del Instituto de Crédito Oficial (ICO), en el caso de España, y evidenciando que la cooperación entre el sector público y el privado es una fórmula más inteligente que la competición. La combinación temprana de financiación bancaria y de avales públicos fue un soporte fundamental para que miles de empresas y trabajos se mantuvieran (Beck y Keil, 2021). Tras analizar el comportamiento de 125 países, Çolak y Öztekin (2021) concluyeron que allí donde hubo colaboración entre instituciones públicas y financieras, la economía resistió mejor y el dinero fluyó más. En el verano del 2021, en España se habían concedido más de 120.000 millones de euros de préstamo con esta fórmula: dinero privado y aval público, destinando el 98 % de las garantías y el 70 % del capital a pymes y a autónomos.

La exigencia de la sociedad hacia las responsabilidades del sector financiero en el año 2008 se debe, principalmente, a dos motivos: el primero, el más obvio, que hicieron las cosas (muy) mal. Y el segundo, menos comentado, que la banca no es en un sistema como el nuestro un mero instrumento financiero. No es una empresa más. No es un actor privado equiparable a una fábrica de tornillos o a una agencia de viajes. La banca y sus decisiones condicionan la estabilidad y el funcionamiento de todo el sistema económico, social y político. Porque son un actor privado con una función pública. Cada vez ocurre con más actores cuyo objeto es fundamental para nuestro desarrollo, por ejemplo, las grandes compañías tecnológicas o las compañías energéticas que impulsarán la transición de nuestra economía. Y, precisamente por ello, se espera más y se les debe exigir y exige más. Y si no lo hacen bien, otros lo harán por ellos.

En plena crisis de la covid-19, algunas instituciones financieras sorprendieron anunciando moratorias hipotecarias antes de que fuera una obligación regulatoria o más allá de las exigencias gubernamentales. En el recuerdo colectivo aún quedan las derivadas de la crisis del 2008 y los miles de desahucios de familias en España. En las primeras semanas de la covid-19, algunos bancos como ING o Bankinter destinaron recursos contra su cuenta de resultados probablemente conscientes de la anterior afirmación. Y conscientes de que la materia prima de la economía no es solo el dinero, sino sobre todo la confianza. La confianza mantiene la estabilidad del sistema. Quienes así lo entendieron no solo generaron un impacto positivo en muchos trabajadores y empresas, sino que también recuperaron parcialmente su reputación (y su aspirada posición) e hicieron un buen negocio atrayendo nuevos clientes. Ante la disyuntiva de generar un impacto social positivo o ganar dinero, la respuesta puede y debe combinar ambos escenarios. Porque, cada vez más, lo público es también lo privado y viceversa. Quien no lo entienda, no solo acabará desplazado, sino que acabará (fatalmente) regulado. Porque el sistema no puede permitirse (por su propia supervivencia) repetir los errores del pasado. La crisis del 2008 tuvo también su derivada local en el caso de España, con el colapso del sistema de cajas, imputaciones políticas mediante o el rescate al sistema financiero con el dinero de todos. Con la consecuente derivada en la pérdida de credibilidad del conjunto del sistema y la crisis política asociada. Pero vale la pena destacar algunas de las consecuencias positivas de aquella reestructuración para el propio sistema financiero español. No solo porque a partir de entonces surgió un sistema más sólido, que es el que permitió inyectar liquidez a la economía en plena pandemia, sino porque desde 2021, y pasado lo peor de la crisis de la covid-19, y tras la fusión de Bankia y CaixaBank, el primer banco español por volumen de activos de España tiene como principales accionistas al Estado (16 %) y a un *holding* (30 %) propiedad de una fundación que destina todos sus beneficios (¡más de 600 millones de euros!) a obra social en nuestro país.

Unos años antes, la reestructuración financiera llevó a que la caja más importante y sólida del país, la Caixa, decidiera transformarse en Fundación, una organización de naturaleza no lucrativa. Como una ONG. La Fundación la Caixa, liderada por Isidre Fainé, se convirtió en en la piedra angular del principal grupo industrial español propietario de un *holding* inversor del que hoy es ya el principal banco español (¡con el Estado de socio!), una compañía de telecomunicaciones (Telefónica, en la que también compartirá acciones con el Estado) o una compañía energética (garantizando mejor desde su sede de Palma en Mallorca los intereses del país frente a otros accionistas extranjeros en Naturgy). Estamos ante un caso muy excepcional, superando las disyuntivas habituales entre lo público y lo privado y que suelen responder mejor a los esquemas del siglo XX que a los del XXI. Hoy en España tenemos a una Fundación, una organización sin ánimo de lucro que destina todos sus beneficios a obra social para nuestros ciudadanos, propietaria del principal banco español, que comparte junta de accionistas con el Estado y que a través de su *holding* tiene posiciones estratégicas en empresas clave para el desarrollo de nuestra economía. La cooperación entre instituciones públicas y privadas, la asunción de un rol público o social de los agentes privados, ejemplificado a través de un caso de éxito marca España. Porque, de manera excepcional, no estamos ante una empresa financiera que crea una Fundación para hacer obra social, sino ante una Fundación que tiene como objeto la obra social y que para hacerlo posee uno de los principales grupos empresariales de un país generando a su vez actividad económica.

Los ejemplos destacados no aspiran a ponderar el papel de un sector en distintos momentos, sino evidenciar los síntomas de una posible evolución en algunas cosas y en algunos casos. Unos buenos síntomas. Y a partir de un mismo diagnóstico que podrían compartir transversalmente presidentes conservadores, liberales o socialdemócratas. Destacando como la cooperación entre las instituciones públicas y privadas, en lugar de la competición, beneficia más a todos o entendiendo lo privado y público como parte de una misma ecuación, en vez de generar falsas dicotomías presentes en la retórica pública y que representan ya una visión caducada de la economía. Los viejos axiomas no sirven para describir el presente. Pero, sobre todo, no sirven para construir el futuro. El camino señalado no solo genera más estabilidad, sino que contribuye mejor al crecimiento, al progreso de la economía o la sociedad, a la credibilidad del sistema y a su (y, por tanto, nuestra) supervivencia. Y sobre ese posible camino, y cómo liderarlo, desarrollaremos la hipótesis principal de este libro. Os damos la bienvenida.

2

MUCHAS EMPRESAS SON IMPERFECTAS, PERO ALGUNAS YA HACEN LO CORRECTO

«Miedo es lo que siente la multitud, miedo es también
lo que sienten las élites ante la multitud».

ÉTIENNE BALIBAR

Escribimos este libro en el verano de 2023 en las montañas de Davos, en los Alpes suizos, un lugar de difícil acceso que no sería especialmente conocido de no ser porque Thomas Mann (Premio Nobel de Literatura) ambienta su principal novela a pocos metros del Hotel Schatzalp, otrora un sanatorio, en el que nos encontramos y porque cada invierno se convierte en el epicentro global del principal debate (público) de las élites económicas mundiales. Un lugar en el que, en verano, también hace frío. Podríamos asegurar que el objetivo de hacerlo desde aquí fue que el entorno nos ayudara con la inspiración, pero la inspiración, contrariamente a lo que cree Pablo Picasso, es una mentira: «No existe la inspiración. Solo la fermentación». Son afirmaciones que compartimos y que se hacen en *La Juventud*, una de las obras maestras de Paolo Sorrentino, a quien admiramos frívolamente, y en cuyo hotel también se rodó la película desde donde escribimos estas líneas.

Pudiera parecer que la frivolidad es una tentación irresistible para desplazarse hasta aquí, como se afirma también en la película, pero las semanas previas a escribir este libro, en las que España vivía otras de las múltiples olas de calor consecuencia del cambio climático, que ni es una frivolidad, ni tampoco ninguna broma, decidimos teletrabajar desde la distancia, alejados de la sensación de verano y concentrados fuera de la velocidad de nuestro día a día. Fue el verano más cálido de la historia y el más frío de los próximos años. En 2023, el cambio climático fue el principal tema de conversación del Foro Económico Mundial de Davos y se hizo la enésima apuesta global por impulsar las energías verdes como palanca para la transformación de la economía y la lucha contra el cambio climático tras constatar, una vez más, que no se están cumpliendo los objetivos marcados por los organismos internacionales.

Alinear el desarrollo empresarial con la necesidad de transformar nuestro sistema económico parece una buena idea: tanto por la necesidad de implicar al mundo corporativo en las grandes transformaciones para lograr su aceleración, como para generar incentivos sobre retos que ya no pueden esperar más tiempo. Y ya es una lógica que forma parte del centro de las decisiones de cada vez más consejos de administración. No hay muchas más oportunidades ya.

Marteen Weetselar (consejero delegado de Cepsa) anunció en la misma edición del Foro que su compañía impulsaría en España en los próximos años el principal centro de hidrógeno verde de Europa aprovechando el potencial de las energías renovables. Una iniciativa avalada transversalmente por Teresa Ribera (PSOE) o Juan Manuel Moreno Bonilla (PP). Y una gran oportunidad económica para la transformación de un modelo de empresa que quiere y necesita contribuir a la descarbonización, para el abaratamiento del precio de la energía, para la autonomía estratégica de Europa y para la posición geoestratégica de España.

Una (gran) oportunidad para un país que se desarrolló en los años sesenta del siglo pasado a través de la industria del turismo y que podría, en este nuevo contexto de transformación del modelo económico, hacerlo con una industria global necesitada, sobre todo, de energía barata, y hacerlo, además, en unas condiciones de liderazgo. Si no lo hiciera, probablemente, también acabaría como empresa: tanto porque sería castigado socialmente, como porque el recurso con el que habían trabajado hasta el momento es un bien finito cuyas externalidades son cada vez más castigadas por la regulación. Una buena decisión de negocio que también es una buena decisión para los demás.

Pero si hay un tema que se repite en el Foro Económico Mundial desde hace, al menos, una década entre los principales referentes empresariales es la desigualdad. Un discurso que se echa de menos en muchas ocasiones en nuestra casa (en España) cuando hablan algunos empresarios. No es para menos, después de concatenar tres crisis mundiales (financiera, covid e invasión rusa en Europa) en menos de diez años y las derivadas crisis en la legitimidad de las instituciones y el propio orden social establecido. ¿Por qué?

Pues porque es una injusticia, pero especialmente, porque la desigualdad es una fuente de conflictos sociales, impide el desarrollo económico, genera inestabilidad, provoca situaciones de inseguridad para las personas y las empresas e impide el normal funcionamiento de un sistema basado en el intercambio de bienes y servicios. Tanto es así que José María Álvarez-Pallete (presidente de Telefónica), uno de los pocos españoles que participan en el Foro, señaló el mismo año, por ejemplo, que la desigualdad es el desafío más importante al que se enfrenta el orden económico mundial.

Tras meses de debate en España sobre la revalorización de los salarios, con enormes resistencias de algunos sectores tradicionales, Antonio Garamendi (presidente de la CEOE, la principal patronal española) argumentó que el acuerdo alcanzado con los sindicatos para el aumento del poder adquisitivo de los trabajadores «genera una paz social que traspasa la legislatura» y que la «mayor infraestructura que puede tener un país es la paz social». ¡La paz social! ¡La ausencia de conflictos! ¡El mejor síntoma de un buen funcionamiento del orden económico y social establecido! La paz social es el instrumento más eficaz no solo contra la desigualdad, sino la mayor fuente para facilitar escenarios de acuerdo, desarrollo económico, seguridad jurídica y promover el normal funcionamiento de un sistema basado en el intercambio de bienes y servicios. Con clientes sí hay mercado. Parece sencillo. Martin Walsh (director general de la Organización Internacional del Trabajo) afirmó frente a Pallete que es necesario un nuevo contrato social. Porque el nuevo contrato social, del que hablaremos en el próximo capítulo, es garantía de paz social. Un debate que exige la implicación de todos los actores relevantes para el funcionamiento de la economía: ya sean las instituciones, las empresas, los sindicatos, la academia o, incluso, los medios de comunicación. Y cuya legitimidad y papel de cada uno de ellos en el debate están condicionados por las decisiones que toman.

Puede que haya quien hable de la desigualdad porque la alternativa no es no hacerlo, sino hacer el ridículo. Puede que haya quien crea que algunos hablan de la desigualdad porque la alternativa es asumir un coste muy alto. Pero el diagnóstico sobre la desigualdad como principal fuente de conflictos no es, en absoluto, una entelequia que se transmite desde los Alpes suizos una vez al año, mientras quizá algunos esperan que eso ni siquiera tenga consecuencias. Es también el marco sobre el que se fundamentan algunas decisiones que hemos visto recientemente en nuestro país.

Que en un periodo de alta incertidumbre, como pasó con la crisis de la covid-19 o la crisis derivada de la invasión de Rusia en Ucrania, los principales sindicatos y patronal acordaran algunas de las bases sobre las que se sustenta el contrato social, como una reforma laboral o la revalorización de los salarios, es un buen síntoma. No es necesario profundizar si lo es porque cada vez hay más buenas personas, o personas más inteligentes. Pero desde luego es un síntoma de que algo ha cambiado. Basta compararlo con las decisiones de la Gran Recesión del siglo XXI. El coste de no hacerlo es cada vez más alto. Vivimos interconectados, y somos, sobre todo, más interdependientes, y pensar que las decisiones egoístas o unilaterales son compatibles no solo con la vanguardia social, sino con la supervivencia empresarial, es un comportamiento caduco, penalizado y, además, al final, poco rentable.

Desde esta perspectiva, los ejemplos descritos en el anterior capítulo tienen un nexo común que muestra la virtuosidad de alinear los objetivos de negocio con las demandas de la sociedad. No son ingredientes de un nuevo contrato social, pero sí un síntoma que genera mejores condiciones para poder abordar la discusión. Tanto porque contribuyen a generar escenarios favorables a la paz social, como porque legitiman las posiciones que puedan defender cada uno de esos actores en este debate. En el primer caso, facilitando un instrumento para el desarrollo de una política pública que la administración no podría haber hecho por sí sola en poco tiempo y a través de un aparente e improbable acuerdo entre un banco y un gobierno formado por ministros socialdemócratas y comunistas. En el segundo, anticipándose en las medidas de una entidad financiera para evitar la vulnerabilidad de sus clientes (quedarse sin ellos, o perdiendo algunos por el camino) y ganando o manteniendo reputación en el proceso. Y, en el tercero, consolidando un grupo industrial cuyos beneficios recaen, exclusivamente, en la sociedad española mediante la transformación de la estructura de una entidad financiera en una Fundación. En los tres casos, además, las organizaciones mejoraron sus resultados.

En esta lógica parece evidente que hay quien ya empieza a tener interiorizado que alinear el objeto social de una compañía u organización y sus decisiones con el objetivo social del contexto en el que operan es no solo una buena idea desde la lógica social, reputacional o relacional, sino una buena decisión de negocio. Generar, falsamente, una dicotomía entre cuáles son tus intereses y cuáles son los intereses de los demás es perder el tiempo, pero sobre todo dinero y credibilidad en un contexto donde esto último se ha convertido en un activo intangible que también es financiero y condiciona, a corto, a medio y a largo plazo, la cuenta de resultados.

La responsabilidad de las empresas no puede ser solo un aspecto colateral de un departamento de comunicación, relaciones institucionales o responsabilidad social corporativa dedicado a ponderar el coste de malas o controvertidas decisiones del resto de la organización, cuando no del propio objeto que fundamenta el negocio. Ya no vale, porque ni es creíble, ni es útil, tomar la decisión en un consejo de administración y luego ver cómo el jefe de prensa comunica la decisión. Hace ya más de una década, por ejemplo, la Caixa entendió que la comunicación estaba más cerca de la causa que de la consecuencia del proceso de toma de decisiones. Su director general asumió no solo las funciones de la dirección de comunicación, sino que el hasta entonces director de comunicación pasó a participar también en los comités de estrategia del grupo. Otro caso parecido se dio en Naturgy, donde el máximo responsable de las relaciones institucionales fue designado en sus funciones con rango de director general. Una compañía que, además, es propiedad del *holding* de la Fundación la Caixa.

La responsabilidad de las empresas es un instrumento estructural y una filosofía que genera un crecimiento sostenible en el tiempo, para las propias empresas, y para el entorno en el que operan, que implican el propio objeto fundacional y la razón de ser de una compañía, que también impregna el proceso de toma de decisiones y que tiene consecuencias sobre el modelo de sociedad que construimos. En un contexto de mayor transparencia, compromiso ciudadano o exigencia de los clientes, las empresas que toman sus decisiones solo mirando hacia dentro sin incorporar a quienes tienen la capacidad de mirar hacia fuera las convierten en empresas incapaces de competir en igualdad de condiciones en este nuevo entorno.

Desde esta lógica, la suma y fusión de los responsables de comunicación o relaciones institucionales (o sea, de incidencia pública) tienen un papel fundamental en el desarrollo del negocio: no tener sensibilidad social (y por social no hablamos de empatía hacia los más vulnerables, que también, sino de diagnóstico de la realidad en su conjunto) es tan peligroso para una empresa (y para los que le rodean, cada vez más conscientes de ello) como tener al mando a un director del área fiscal que no conozca la legislación tributaria, un director de negocio que no sepa interpretar un embudo de ventas, o un director del departamento jurídico que no haya estudiado Derecho. Y, aunque hasta la fecha, la mayoría de los principales líderes de las empresas han estudiado economía, ciencias jurídicas o administración y dirección de empresas, cada vez será más habitual ver a quienes tienen otro tipo de formaciones contribuir a ampliar su mirada también fuera de la organización.

Los comportamientos unilaterales y al margen de la sociedad son penalizados y el egoísmo es un mecanismo dirigido al fracaso. Las instituciones, y también las empresas, sufrieron una de sus mayores crisis de legitimidad por cómo abordaron la crisis financiera del 2008. El altruismo tal y como lo conocíamos era una decisión voluntarista de aquellos que tenían una vocación de mitigar el efecto de sus decisiones, o de las de otros. Se acabó. Porque pensar en los demás no es solo tener una mirada global, sino pensar en uno mismo. No solo porque la reputación es una variable que condiciona el valor de una empresa, que también, sino porque la moral es la institucionalización del incentivo y el incentivo es tener esa mirada global. La obscenidad previa y durante la gestión de la Gran Recesión del siglo XXI estuvo a punto de retrotraernos un siglo atrás. No ocurrió. Aunque la crisis económica no quedó solo en un susto para la gran mayoría, la crisis de legitimidad del sistema asociada no traspasó el camino de no retorno, aunque estuvo a punto. Pero han tenido que pasar (al menos) tres crisis en menos de una década (recesión, covid e invasión rusa en suelo europeo) para que hacer este diagnóstico pueda formar parte del *mainstream* desde el que se dirige la sociedad.

Joan Roca (presidente de Roca & Junyent, el despacho de abogados fundado por uno de los padres de la Constitución dirigido ahora por su hijo) en su papel de anfitrión de una nueva hornada de socios empresarios de Barcelona Global (una asociación empresarial de la que somos socios y que tiene la ambición de contribuir al posicionamiento internacional de la ciudad) empezó su intervención diciendo que su despacho, uno de los principales de España, estaba al servicio de la sociedad y que eso implicaba, por ejemplo, que no tendrían como cliente a Bernard Madoff para diseñar uno de los mayores fraudes de la historia (más de 64.000 millones de dólares a través de la venta de productos financieros propios de un sistema piramidal). Cuando el líder de un despacho del tamaño y la idiosincrasia de Roca & Junyent (fundado por un padre de la Constitución) toma esa decisión y hace esa afirmación ante la élite emergente de la ciudad de Barcelona es evidente que algo ha cambiado y que las empresas siguen siendo imperfectas, pero algunas hacen lo correcto.

3

LAS ÉLITES COMPROMETIDAS
EVITAN LAS REVOLUCIONES

> «Lo que aprendemos de la historia
> es que nadie aprende de la historia».
>
> OTTO VON BISMARCK

El día que fundamos nuestra primera empresa juntos, nuestro notario inició el acto de constitución con una clase magistral de Filosofía del Derecho: «Una empresa es una ficción», señaló. «Existirá porque vosotros afirmáis su existencia, el Estado reconocerá a través mío su existencia, y los demás la reconocerán porque yo, en nombre de todos, voy a dar fe de ello. Una empresa no es tangible, no la puedes tocar, y solo existe porque el Derecho posibilita que vuestra afirmación tenga consecuencias. Fundamentamos el orden social en base a la articulación de las Leyes, que crean las personas y que defiende el Estado». Algo parecido pasa con lo que llamamos contrato social que, pese a que nadie lo haya visto, y mucho menos, firmado, mucha gente cita. ¿Qué es? Una ficción.

Un acuerdo imaginario, tácito e implícito que pese a ser invisible fundamenta nuestro orden social, económico y político. Sin contrato social el sistema no funciona. El contrato social es, pues, un acuerdo simbólico establecido entre el Estado y los ciudadanos. El primer teórico en conceptualizarlo fue también uno de los intelectuales de referencia de la Revolución francesa, y del liberalismo político, Jean-Jacques Rousseau, y fundamentaba su existencia en la medida en la que, aunque el individuo es la base del sistema, este decide (o necesita, añadimos) vivir en sociedad, y necesita también un Estado de Derecho (Estado social y democrático de Derecho, Constitución española, artículo 1) para convivir y garantizar sus libertades. El contrato social hace referencia a ese acuerdo implícito entre el Estado y los ciudadanos: estos últimos se comprometen a una serie de obligaciones (por ejemplo, pagar impuestos), y adquieren como consecuencia de ello unos derechos protegidos por el Estado (por ejemplo, garantizar la propiedad privada). Pagar impuestos y garantizar la propiedad privada, dos caras de la misma moneda: el contrato social. Lo primero, por lo segundo y lo segundo, por lo primero. Mucho antes que Rousseau, Epicureo avanzó lo que hoy debería parecernos otra obviedad: para fundar una civilización, y que funcione, es necesario un pacto de convivencia. Eso es el contrato social.

Por eso a nadie le debería extrañar muchas de las cosas que hemos señalado anteriormente. Y tampoco en boca de quienes lo señalan. En 1982, en la Costa Brava, en Catalunya, en España, Jordi Solé Tura (ponente de la Constitución española en nombre del Partido Comunista de España), Carlos Ferrer Salat (presidente de la CEOE), José Vilarasau (director general de lo que después sería la Caixa), Marcelino Camacho (secretario general de Comisiones Obreras) o Ernest Lluch (quien protagonizaría como ministro del PSOE la universalización de la sanidad en España) coincidieron en las históricas Jornadas del Cercle d'Economia, una institución privada presidida hoy por Jaume Guardiola (anteriormente consejero delegado del Banco Sabadell) y formada por economistas, políticos, académicos o empresarios preocupados y comprometidos desde años antes en la construcción de la joven democracia española. Tampoco hace tanto tiempo, y por eso chirría la ausencia de mujeres en el debate público de la época, pero quienes participaban del proceso de toma de decisiones ya apuntaban hace más de cuatro décadas hacia la misma dirección que hoy reivindicamos. Probablemente, hubo vida antes de Adán y Eva.

Las Jornadas anuales del Cercle, que se celebran hoy en Barcelona, son lo más parecido al Foro Económico de Davos en nuestro país (el acceso al Cercle se puede lograr a partir de 500 euros, el acceso al Foro supone un mínimo de 24.000 dólares), aunque nacieron antes y abordaron también antes algunos de los temas que han preocupado al Foro en los últimos diez años. El Cercle nació por la vocación de las élites españolas (y en especial de Barcelona), de generar conocimiento y con la ambición de que ese conocimiento pusiera las bases para la construcción de un nuevo contrato social, que favoreciera el progreso imprescindible para la España democrática.

Muchos años después, también en 2023, y en sus habituales Notas de Opinión, el Cercle destacaba la reciente reforma laboral (pactada entre la patronal y los sindicatos) al considerar que refuerza «la cohesion social» y contribuye a «reducir la desigualdad». «La fuerza de las cosas tiende siempre a destruir la igualdad, por lo que la fuerza de la legislación debe siempre tender a mantenerla», dijo también Rousseau. El Cercle nació porque sabía entonces, como sabe ahora, que la paz social garantiza el progreso, que la pre y redistribución de la riqueza es un mecanismo de justicia, pero también es un instrumento fundamental para el funcionamiento de la economía, del mercado y la vida en comunidad. Por cosas como estas nos hicimos socios de la organización.

En 2016, el economista Antón Costas, entonces presidente del Cercle, lo reivindicaba así en una entrevista en *El Periódico*: «España como Estado necesita un nuevo contrato social», y lo argumentó destacando que «la capacidad de cambio es mayor cuando la sociedad y sus élites, en sentido amplio —desde asociaciones hasta empresarios individuales— lo lideran». «Pasó al final del franquismo», añadía, cuando «la sociedad fue capaz de construir un nuevo contrato social. El Cercle debe participar en una nueva modernización del país que, a la vez, fomente el crecimiento y el progreso». «Las élites han dimitido de esa responsabilidad y la han dejado a la presión de la integración en el euro y las cosas han funcionado mal.

España como Estado se ha quedado en gran parte sin contrato social. El Cercle debe defenderlo», concluía.

Cuatro años después, la misma institución, presidida por Javier Faus, referente en el ámbito financiero, organizaba junto a los *think tanks* internacionales CIDOB y Europe G en Barcelona unas jornadas sobre el propósito de las empresas y el nuevo contrato social y se preguntaban, después de que la Gran Recesión del siglo XXI cuestionara el funcionamiento de la economía del libre mercado, qué papel debían tener las empresas en el nuevo contexto, y si era posible, como cada vez empezaban ya a defender más voces, que las empresas contribuyeran necesariamente a transformar la situación incorporando objetivos sociales en sus estrategias, si era necesario que las compañías privadas fueran más allá de la búsqueda de los beneficios y si podían hacerlo en un entorno competitivo internacional, y con distintos parámetros, como el actual.

En el mismo ciclo de conferencias, invitaban a debatir a José Manuel González-Páramo (entonces consejero delegado del BBVA) junto a Paul Collier (catedrático de Economía en Oxford) sobre cómo debía ser el nuevo contrato social europeo. En la nota distribuida por la institución, el Cercle señalaba la necesidad de recuperar el «ascensor social» en la Unión Europea y reivindicaba que «debe dotarse a la Unión de suficientes recursos presupuestarios para el desarrollo de un verdadero nuevo contrato social». Una institución liderada por empresarios reivindicando la expansión del gasto y pagar más impuestos. Las verdades que vertebran el funcionamiento del sistema están siempre fuera de los lugares comunes. Una institución económica pensando en la estabilidad del negocio a partir de la estabilidad del conjunto de la sociedad.

En esta línea, y tras el cuestionable papel de las élites económicas en la crisis financiera, los años siguientes, y en especial durante la crisis de la covid-19, vimos a muchos de sus referentes fuera de los lugares comunes. ¿A veces sí se aprende de la historia? ¿Un lavado de imagen? ¿Un síntoma de inteligencia empresarial? Introducir el debate es, en sí mismo, un buen síntoma: el milmillonario Bill Gates pidió en 2020, aunque ya lo había hecho antes, eliminar las lagunas del sistema fiscal estadounidense que permite a fortunas como la suya pagar menos impuestos, elevar los de la propiedad inmobiliaria, aumentar los del rendimiento del capital, igualarlos a los rendimientos del trabajo e incluso transformar la fiscalidad para centrarla en las inversiones en lugar de en los salarios. Asimismo, criticaba que existiera una especie de sistema dinástico en el que se pudiera pasar una gran riqueza a los hijos sin pagar apenas y consideraba que no es bueno para nadie. «Creo que los ricos deberían pagar más de lo que pagan actualmente, y eso incluye a Melinda [su esposa] y a mí».

En el segundo discurso del presidente Joe Biden sobre el Estado de la Unión, el presidente estadounidense señaló que «ningún multimillonario debería pagar menos impuestos que un maestro o un bombero» [en términos relativos]. Una analogía que ya usó en 2019 y antes de acceder a la presidencia señalando directamente a Amazon. La compañía vino a responder entonces en sus redes que la culpa era de los legisladores, y que ellos como empresa hacen lo que permiten las leyes.

Sin embargo, en 2021, y después de que Biden anunciara su ambicioso plan de infraestructuras para estimular la economía (con el objetivo principal de mantener un contrato social ya de por sí débil en su país y no hacer saltar los EE. UU. por los aires en medio de la crisis de la covid-19) la misma cuenta corporativa de la compañía señaló que reconocían que la inversión de ese plan «exigirá concesiones de todas las partes, tanto en los detalles de lo que se incluye como en cómo se paga», como forma de apoyar el aumento del impuesto de sociedades del 21 % al 28 %. Tan importante para la estabilidad del contrato social es que quienes más tienen paguen impuestos, como que digan que los quieren pagar, más aún cuando la desigualdad acecha y con ello la legitimidad de todo el sistema.

Otro ejemplo: «los extremos son insostenibles, a menudo peligrosos y rara vez se toleran mucho tiempo». Así empieza el manifiesto que 200 millonarios estadounidenses les mandaron a las élites reunidas en el Foro Económico Mundial de Davos en 2023 (y que repetirían en 2024): «¿Por qué en esta era de múltiples crisis sigues tolerando la riqueza extrema?», les preguntan. Entre los firmantes destacan los herederos de compañías farmacéuticas como BASF o los herederos de la familia Disney, cuya máxima exponente, Abigail Disney, lleva tiempo promoviendo ese discurso. En 2020, y en medio de la carrera presidencial que enfrentó a Donald Trump contra Biden, ella y otros dieciocho multimillonarios como el financiero George Soros o Chris Hugues (cofundador de Facebook) lanzaron otro manifiesto. «Somos parte del problema, hacednos pagar más impuestos», señaló Liesel Pritzker Simmons, una de las firmantes, cuya familia acumulaba entonces más 33.000 millones de dólares y que justificó junto al resto de firmantes la subida de impuestos porque sería «patriótico» y porque «fortalecería la libertad y la democracia». Patria. Libertad. Democracia. Pagar impuestos.

En la misiva enviada a los líderes del Foro Económico Mundial tres años después, el manifiesto de los millonarios señalaba que una reunión de la élite global para discutir la cooperación en un mundo fragmentado «no tiene sentido ni no se ataca la raíz de la división: defender la democracia y construir la cooperación requiere acción para construir economías más justas» y añaden que «ahora es el momento de hacer frente a la riqueza extrema, ahora es el momento de gravar a los ultraricos». El incentivo para hacerlo tiene relación con la comunidad, pero, según recordó el propio Soros ya en 2011, también con quienes debiendo pagar más se oponen: «Están dañando sus propios intereses a largo plazo por su oposición a pagar más impuestos». ¿Qué piensan sus homólogos españoles?

Sobre la necesidad de garantizar el cumplimiento del contrato social Josep Piqué, ya fallecido y otrora presidente del Cercle o ministro, dijo en 2021 en el diario *ABC*: «La democracia liberal debe tener como objetivo fundamental mejorar las condiciones de vida en nuestras sociedades, garantizando su cohesión y su adhesión a un "contrato social" mutuamente compartido. La lucha contra las desigualdades excesivas en oportunidades y expectativas de mejora social e individual debe ser una clara prioridad para que la sociedad mantenga su compromiso con las instituciones y usos democráticos». Una vacuna contra las revoluciones. Un mecanismo para la supervivencia.

Un año antes, también Piqué, recordaba en una sesión de la Universidad Internacional de La Rioja (UNIR), como pese a que la globalización «ha tenido efectos positivos, como la reducción de la pobreza en los países emergentes, ha generado, paradójicamente, un empobrecimiento relativo de las clases medias de Occidente con un impacto sobre la igualdad». Piqué acababa señalando que eso puede explicar los «fenómenos políticos como el populismo» en una sesión donde también reivindicaba «la función social de la empresa». Para evitar los populismos hay que evitar la desigualdad.

En *Capitalismo, deseo y servidumbre*, Frédéric Lordon señala de manera dicotómica que el Estado es la organización por antonomasia de los regímenes socialistas, mientras que la empresa es la principal organización del sistema capitalista. No estamos en el primero de los escenarios, aunque tampoco exactamente en el segundo. Eso sí, el actual sistema de libremercado otorga tanto a las instituciones como a las empresas un papel relevante. Desde esa perspectiva, parece razonable insistir en que las empresas, como agente vertebrador del sistema de libre mercado, tengan incentivos en que el sistema no colapse. Su supervivencia depende en gran medida de su propia capacidad de tener una mirada amplia del sistema en el que son un agente importante.

Hemos visualizado con ejemplos posteriores a la crisis de principios de este siglo, que no hace falta retrotraernos a la Alemania del siglo xix y a Otto von Bismarck, como es habitual, para analizar cómo entre las élites económicas hay quien tiene presente de forma intermitente la necesidad de garantizar la paz social y cuál es el camino. Probablemente, porque hacerlo siempre es una decisión inteligente. La historiografía considera al conservador Von Bismarck como uno de los impulsores de los primeros síntomas de lo que hoy conocemos como Estado de bienestar en Europa.

Los primeros años intentó apaciguar las amenazas revolucionarias a través de la ilegalización de partidos, pero el camino corto suele ser muchas veces contraproducente. Sin embargo, finalmente, Von Bismarck (a quien se atribuye aquello de que es deseable no saber cómo se hacen las salchichas, que debe ser desagradable, o las leyes, que según él también) optó por fundamentar la legitimidad de la monarquía alemana a través de un seguro de accidentes, las pensiones por discapacidad y las pensiones por jubilación. Rubik Blackburn resume en *El futuro de las pensiones* que Bismarck consideró que «la legitimidad de la monarquía, desafiada por los socialdemócratas, se fortalecería si el káiser sacaba de la pobreza a los ancianos y evitaba que se convirtieran en una carga para sus parientes». No hacerlo implicaba dañar los propios intereses.

También es conocida la evolución posterior y la construcción de un auténtico Estado de bienestar en Europa, pero vale la pena recordarla. Muchos de quienes participaron en la gestión de la crisis de la Gran Recesión del siglo XXI probablemente lo olvidaron. El Estado de bienestar en Europa es consecuencia de una guerra mundial, un periodo en el que se evidenció que las desigualdades siempre son fuente de conflictos, destrucción y recesión económica, también es consecuencia de la amenaza revolucionaria que representaba entonces la Unión Soviética y es consecuencia, sin duda, del compromiso de las élites de la época que, tras un diagnóstico preciso y de mirada amplia, tuvieron la capacidad de articular un sistema que ha dado, y da, estabilidad, paz, seguridad, desarrollo y progreso económico a esta parte del mundo. Es caro, pero en pocos lugares del mundo puedes salir por la calle sin temor estadístico a ser robado, secuestrado o, en el peor de los casos, asesinado. La paz social se traduce en eso. El origen de la caja de pensiones que dio lugar a la Caixa siguió una filosofía similar: tras la huelga general de Barcelona de principios del siglo XX algunos empresarios de la ciudad impulsaron una caja para hacer frente a las contingencias de salud o desempleo de los trabajadores evitando agravios y ahuyentando los conatos de violencia. Un grupo de empresarios que impulsó estructuras de bienestar y protección para trabajadores en la construcción de un contrato social. Durante años, la socialdemocracia y la democracia cristiana, especialmente, se fundieron en una para la construcción del proyecto europeo, una nueva forma de articular un nuevo contrato social a escala internacional, con el mismo espíritu que en su versión española en el Cercle quisieron contribuir a la construcción de la democracia española. El Cercle sigue siendo hoy en España el principal espacio privado que sigue teniendo la capacidad de sumar a empresarios democristianos y políticos socialdemócratas en la articulación de un proyecto de país. No deben dejar de intentarlo. Probablemente, ejemplificando cómo el sector público y el privado pueden, y deben, responsabilizarse juntos del devenir compartido.

La alternativa a que no lo hiciera el Estado sería un sistema salvaje, pero la alternativa a que no lo hiciera la empresa sería otro tipo de régimen también indeseable. Desresponsabilizarse de ello no solo va contra el bienestar del conjunto de las sociedades que representan, por un lado, y a quienes prestan servicios, por el otro, sino también en contra de sus propios intereses. Las élites comprometidas evitan las revoluciones. «Cuando se ve en la nación más feliz del mundo a grupos de campesinos resolver los asuntos del Estado bajo una encina y conducirse siempre con acierto», dice Rousseau, se visualiza «la voluntad constante de todos los miembros del Estado». La sociedad necesita la implicación de todos para garantizar su funcionamiento y las élites comprometidas evitan las revoluciones.

4

UNA NUEVA GENERACIÓN
DE LÍDERES EMPRESARIALES,
POLÍTICOS Y MEDIÁTICOS

«Me interesa el futuro porque es el sitio
donde voy a pasar el resto de mi vida».

WOODY ALLEN

En el primer y segundo capítulo hemos hablado, sobre
todo, de los líderes del presente. En el tercero hemos abordado, sobre todo, lo que ya decían los del pasado. Y en
este, el cuarto, vamos a visualizar quiénes y cómo son los
que, estando en el presente, van a liderar el futuro, aquellos que están llamados a construir el nuevo contrato social y pasar de la reflexión a la acción. ¿Quién y cómo es
la nueva generación de líderes que pide paso? El diario
Expansión resumía en mayo de 2023 uno de los estudios
que hemos hecho en beBartlet (la consultora que fundamos ambos) sobre los perfiles de la élite emergente del
país y, en este caso, sobre la nueva generación de directivos empresariales nacidos en democracia. Pocos meses después el Parlamento catalán o el Parlamento vasco

aprobó nuestra comparecencia para explicar también a los diputados lo que ahora compartimos.

El Cercle d'Economia, vanguardia —como vemos— de lo que ha pasado las últimas décadas, acogió un debate sobre esta cuestión de la mano de Miquel Nadal (su director general) y lo hicimos junto a Marc Francés (director general de Sarah Marlex, coautor del análisis), Clara Campàs (directiva del Cercle y emprendedora en el ámbito de la biotecnología), Meritxell Juvé (la presidenta y heredera del imperio agroalimentario de Juvé & Camps) y Felipe Campos (consejero delegado de Aigües de Barcelona). Una radiografía del estado de la cuestión a través de algunos de los principales líderes de las distintas tipologías de empresas que operan en España en el ámbito de los servicios profesionales, las *start-ups*, las empresas familiares o las compañías cotizadas. Todos ellos representan diferentes síntomas de lo que está por llegar, pero también de lo que ya ha llegado. Cuando conocimos a Jaume Guardiola (el presidente del Cercle que acogió la presentación de este informe) nos señaló que éramos muy jóvenes. Preguntado por sus responsabilidades a nuestra edad, nos señaló que era consejero delegado de un banco. Claramente, el poder se ejerce generacionalmente.

El caso de Felipe Campos es paradigmático del cambio al que deberíamos asistir y/o podríamos estar asistiendo. ¿Norma o excepción? Estamos ante alguien que durante más de dos décadas fue director de una asociación educativa en l'Hospitalet de Llobregat (Barcelona), miembro del Observatorio de la infancia de la ciudad, vicepresidente de la Federación estatal de jóvenes e inclusión social, docente y colaborador del Colegio de Bibliotecarios y documentalistas de Catalunya, patrón de la Fundación Biblioteca social o directivo de la Fundación Pere Tarrés, también del ámbito educativo. Un perfil aparentemente atípico para alguien que en la actualidad es el consejero delegado de una filial de una compañía cotizada en el Ibex 35 como el grupo Agbar, además del presidente del Consejo Asesor de la Fundación Princesa de Girona. Hoy —como veremos— sigue siendo una excepción. Pero Campos representa bien una de las hipótesis que apuntábamos anteriormente y que algunos (Ángel Simón, presidente de Agbar y consejero delegado del *holding* empresarial de la Fundación la Caixa) ya han puesto en marcha: las empresas deben tener entre sus principales directivos a personas que no solo destaquen por saber mirar hacia dentro, sino también por saberlo hacer hacia fuera.

En la sesión del Cercle analizamos el perfil de más de 300 empresarios y directivos (socios, fundadores, consejeros, C-Levels) de las generaciones millennial y zeta, aquellos que ocupan las primeras posiciones de las principales empresas por facturación cotizadas, multinacionales con presencia en España, *start-ups*, empresas familiares y compañías de servicios financieros y profesionales. Hay trescientas personas que reúnen estas características en España. Y Campos es una excepción: la carrera más estudiada por ellos es Empresariales (27 %), Derecho (19 %) o Ingenierías (21 %), este último aspecto explicado por la existencia de las *start-ups* como agente relevante dentro de la nueva economía. De las humanidades, poco rastro.

Más de una cuarta parte (el 26,5 %) de los liderazgos emergentes empresariales desarrollan o han desarrollado labores en el ámbito de la academia. Un buen síntoma. Sin embargo, solo el 0,7 %, es decir, prácticamente nadie, ha tenido algún tipo de experiencia en la administración pública. Este dato es relevante: primero porque permite visualizar una enorme brecha entre el sector público y el privado y, segundo, porque visualizarlo permite reflexionar sobre la necesidad no solo de superar esa brecha, sino de aspirar a mezclar las distintas tipologías de perfiles. Y, probablemente, también sea un síntoma de cómo recela una parte importante de la sociedad de las instituciones y aquello que le rodea.

¿Qué incentivo hay por parte de un profesional liberal de implicarse en la vida institucional? El ruido que rodea a las instituciones, con una lógica de debate cada vez más distorsionada, con un coste reputacional para quienes participan, no contribuye en nada a ello. Por eso es una responsabilidad global impulsar las condiciones para generar mejores incentivos. Si el paso de alguien por las instituciones se asocia a acumular una hemeroteca de exabruptos, promovido en ocasiones por quienes incentivan esas prácticas en el corto plazo, estamos probablemente expulsando a talento de la política y dificultando un camino de ida y vuelta que contribuiría, muy probablemente, a reducir los sesgos a través de los que se toman decisiones.

Que en las instituciones haya gente que ha tenido experiencia en el sector privado mejora la diversidad de visiones de quienes transforman la realidad a través del Derecho, pero que en las empresas haya gente que ha tenido la necesidad de pensar en global desde las instituciones seguro que contribuye también a sumar nuevos sesgos en el proceso de toma de decisiones de las empresas que, sin duda, son mucho más que una comercializadora de productos o de servicios y constituyen un agente fundamental para el desarrollo no solo de la economía sino de todo el orden social.

Nos sorprendió visualizar un foro económico hace más de cuatro décadas donde no aparecía entre sus protagonistas ninguna mujer. Porque, en el fondo, tampoco ha pasado tanto tiempo. Pero hoy solo el 32,5 % de los directivos de las generaciones millennial y zeta de las principales empresas son mujeres. Las empresas familiares (quizá porque la estadística de la biología nos proporciona un número similar de hijos e hijas), por un lado, y las compañías cotizadas (probablemente porque la legislación incorpora obligaciones), por el otro, son las que tienen mayor igualdad frente a las compañías de servicios profesionales y financieros y las multinacionales donde destaca más la brecha. Una brecha que también tiene un componente territorial: la mayoría de los principales líderes emergentes proceden de la Comunidad de Madrid (44 %), seguido de Catalunya (20,2 %) y, en menor medida, Comunidad Valenciana o Andalucía (6,3 %).

Sobre el origen de la nueva generación de líderes empresariales también podemos apuntar algunas ideas. El 70 % de los nuevos directivos han estudiado un grado en el sistema público. Esto es un éxito del modelo de universidad pública española. Sin duda. La universidad pública forma a la mayoría de los nuevos líderes emergentes. Pero hay un dato también relevante: porque casi un 40 % han estudiado un posgrado en la universidad privada. Sobre esto podríamos hacer varias lecturas: la primera, que el sistema público no tiene aún el suficiente atractivo en sus programas de posgrado para formar a las nuevas élites, y/o que las escuelas de negocio privadas lo están haciendo muy bien. O las dos cosas.

Hay quien diría que el papel de las universidades públicas en el siglo XXI no es el de formar a las minorías. Sin embargo, si queremos construir un modelo donde las élites tengan una mirada amplia de la sociedad hay dos alternativas, compatibles entre ellas: o que el sistema público se ponga las pilas (recomendable) o que el sistema privado incorpore entre sus contenidos (aún más) una formación que entronque con los valores hegemónicos señalados en la hipótesis de este libro. La democracia cristiana que construyó la Unión Europea destacaba por una visión liberal de la economía (compartida también por la socialdemocracia, pese a que en ocasiones se quiera caricaturizar en el debate público), pero condicionada por unos límites, cuyo origen, en este caso, emana de valores religiosos. Y por eso fue más fácil la fusión entre ideologías.

Por último, cabe destacar que casi una cuarta parte de la nueva generación de directivos y empresarios ha estudiado también fuera de España en algún momento. Y aquí podemos hacer otra doble lectura: por un lado, la virtuosidad del dato (tenemos una parte importante de nuestros nuevos directivos formados en otros países, España mira al mundo) y, por el otro, la necesidad de que el sistema público apueste por las ayudas a esta internacionalización: si estudiar fuera puede ser un factor determinante para liderar una empresa, el sector público no puede inhibirse de esta responsabilidad. Todo esto siempre y cuando aspiremos como sociedad, como aspiramos nosotros, a que en la construcción de las nuevas élites la igualdad de oportunidades contribuya también a aumentar la pluralidad de visiones que convivan en los consejos de administración de organizaciones que condicionan tanto el desarrollo de las sociedades.

El debate posterior, de carácter más cualitativo, estuvo condicionado por distintas reflexiones que se preguntaban por el papel de estas élites emergentes en la construcción del nuevo contrato social. Y del mismo modo que se destacaron algunas de las virtudes de la nueva generación que liderará el país, se cuestionó si estamos ante una generación que, a diferencia de la anterior, tiene conciencia de clase, pero no tiene conciencia de élite. Las élites lideran las sociedades. No solo sus empresas u organizaciones. Ser consciente de ello es la condición necesaria, aunque no suficiente, para asumir su compromiso con el entorno. La disrupción de las compañías que a menudo dirigen, el temprano éxito al que han asistido, incluso la ausencia de socialización compartida con las otras élites emergentes del país (las políticas o las mediáticas) podrían estar generando una brecha e idiosincracia singular que conviene complementar.

¿Por qué analizar sus perfiles y por qué generar espacios, como la sesión del Cercle, en el que estos socialicen? Primero, porque disponer de conocimiento sobre el escenario hacia el que vamos nos permite anticipar los cambios de fondo del liderazgo de nuestra sociedad o nos ayuda a visualizar los retos pendientes. Pero, segundo, porque convendría que el éxito temprano de estas personas vaya asociado a la asunción de una responsabilidad en la creación de un nuevo contrato social. Si vamos hacia un modelo de desarrollo profesional donde sumamos casos de éxito de líderes y organizaciones que miran hacia dentro, tendremos empresas con buenos resultados. Si queremos ir hacia un modelo de desarrollo social donde sumemos casos de éxito de líderes y organizaciones que también se miran entre ellos, y miren hacia fuera, tendremos empresas que, además de tener buenos resultados, los compartirán con el resto de la sociedad. Y la sociedad con ellos. Es fundamental que esta élite emergente sea consciente de que lo es (porque implica una responsabilidad) y es recomendable que esta élite emergente tenga la capacidad de articularse para poder asumir esa responsabilidad. Queremos insistir en ello porque pareciera que la disrupción de la tecnología en la transformación del sistema económico también introduce disrupciones en la forma de organizarse de los nuevos empresarios, menos dados a compartir y asumir un rol de liderazgo no solo empresarial, sino también del conjunto de la sociedad.

Con esa lógica, desde hace varios años, impulsamos espacios para la transformación social y la innovación en las políticas públicas donde promovemos dinámicas de interacción y generación de conocimiento compartidas, participados por los nuevos referentes empresariales, pero también políticos o sociales. Si partimos de la base, en palabras de Rousseau, de que a todos nos incumben los asuntos del Estado, impulsando espacios para el desarrollo de confianza estaremos generando, a la vez, instrumentos para el acuerdo. La confianza es el mejor catalizador del acuerdo. Y para desarrollar la confianza, el conocimiento es una gran palanca para la transformación. Si Marcelino Camacho (de Comisiones Obreras) o Carlos Ferrer Salat (de la CEOE) pudieron formar parte de una generación que puso las bases del contrato social de la España de las últimas cuatro décadas fue porque, entre otras cosas, dedicaron tiempo a compartir conocimiento, desarrollar confianza y asumir el papel que la propia Constitución (artículo 7) les otorga. Los sindicatos de trabajadores y las asociaciones empresariales contribuyen a la defensa y promoción de los intereses económicos. Y a todos nos incumben los asuntos del Estado.

Los líderes emergentes de los que hablamos no son solo jóvenes emprendedores en una fase de prueba y error. Son directivos de las principales organizaciones del país y merecen más atención como es el caso de Pepita Marín (miembro del consejo de administración de PRISA y fundadora de We're Knitters, un nuevo grupo industrial textil), José Togores (vicepresidente de Mahou-San Miguel, de la industria agroalimentaria), Enric Asunción (fundador de Wallbox, empresa dedicada al desarrollo de estaciones de carga para vehículos eléctricos, una infraestructura fundamental tanto para la transformación de nuestra economía como para luchar contra el cambio climático) o Martina Tomé (vicepresidenta en España de Schneider Electric, dedicados a la distribución, optimización eléctrica y automatización industrial).

Merecen más reconocimiento y difusión. En muchas ocasiones, por lo que se visualiza en la esfera pública, parecería que las nuevas generaciones de empresarios en España se dedican fundamentalmente a las criptomonedas, a hablar de sí mismos, a iniciar proyectos de cuestionable valor social o a generar contenidos digitales a través de la evasión de impuestos en terceros países. Sin embargo, estamos ante una nueva generación de empresarios en España nacidos en democracia que ya ocupan los principales puestos de responsabilidad de las principales empresas del país, en compañías de sectores que oscilan desde la tecnología al desarrollo industrial. No son jóvenes empresarios, son nuevos referentes generacionales. Ser joven es una coyuntura biológica. Los miembros de una generación, sin embargo, están condicionados por una circunstancia histórica que les acompañará a lo largo de sus vidas. Un turno en la historia. A nadie se le ocurriría decir que Isabel Díaz Ayuso (que accedió a la presidencia de la Comunidad de Madrid también con menos de cuarenta años) o Pere Aragonès (que fue investido *president* con treinta y ocho) son jóvenes políticos. Son líderes de una nueva generación de políticos que representan el momento del país. Y a todo el país. Existe, en ocasiones, cierta tendencia a querer compartimentar a los más jóvenes en estructuras paralelas de las organizaciones de los mayores (pasa en los partidos, a través de las juventudes) o en las patronales (a través de las asociaciones de jóvenes empresarios) probablemente con la derivada de apartarlos del centro de toma de las decisiones. Fijarse en ellos, además, permite anticipar escenarios: José Luis Rodríguez Zapatero fue diputado con veintiséis años, y luego sería presidente del Gobierno de España; Mariano Rajoy tuvo su primer cargo institucional con veintiocho, y también sería presidente. Los líderes de mañana no son invisibles hoy. Y hoy ya están implicados.

El presidente Felipe González lideró su partido con treinta y dos años. José María Aznar fue presidente de Castilla y León con treinta y cuatro. Su presencia en las instituciones evidenció el acceso de una nueva generación, con los sesgos propios de su época, con los valores del momento. Además, si aspiramos a tener una sociedad articulada a través de un pacto entre generaciones (que es la mejor forma de articular las sociedades), distribuir las mesas por edad (como pasa en las cenas de Navidad en algunas casas, desde luego no en las nuestras) en las que hablan de los asuntos del país, por un lado, los más mayores, y, por el otro, los más jóvenes, estaremos generando una dinámica de confrontación generacional en vez de aspirar a la interacción de ideas y generaciones que contribuyan a que las conclusiones a las que se lleguen sean también un factor de estabilidad. Hay una nueva generación nacida en democracia para asumir el papel que le correspondió a quienes construyeron nuestra democracia.

En la legislatura en la que nuestros políticos tuvieron que gestionar la policrisis de la covid-19 y la invasión de Rusia en Ucrania (cuyo principal síntoma en España, fundamentalmente, fue la elevada inflación), convocamos a una veintena de los nuevos referentes institucionales (del PP, del PSOE, Podemos, Más Madrid, Ciudadanos o nacionalistas periféricos) a una sesión donde les compartimos un análisis sobre el perfil de los líderes de su generación. Pero eso solo fue un pretexto. Fue, sobre todo, el inicio de una dinámica de interacción horizontal entre los nuevos referentes políticos, primero, para posteriormente incorporar también a los empresariales. La entonces portavoz del Gobierno, Isabel Rodríguez, al finalizar la sesión, además de agradecer la invitación, nos pidió ser convocada en más ocasiones. ¿Las razones? Salir de la dinámica de confrontación del debate público, conocer a sus iguales de su partido y de los demás, de todo el país, y generar dinámicas de intercambio de conocimiento que, a la larga, contribuyen a una mejor forma de hacer política. ¿Qué posibilidad hay de acordar cualquier reforma compleja entre dos personas que no se conocen de nada? Si a eso le añadimos implicar a quienes toman decisiones desde otros ámbitos de la sociedad (sindicatos, medios de comunicación, academias o empresas), estaremos contribuyendo a generar las condiciones para un mejor contrato social.

Que personas tan distintas como Enma López (portavoz socialista en el Ayuntamiento de Madrid), Gabriel San Miguel (entonces director de gabinete del área de políticas sociales), Nacho Català (coordinador parlamentario del Partido Popular en la Asamblea de Madrid) o Alberto Oliver (además de alto funcionario del Estado, como López o Català, parlamentario de Más Madrid en la Asamblea) dedicaran toda una tarde en medio de la elaboración de la primera Ley de vivienda en España a compartir conocimiento en la materia, como hicimos, e intercambiarlo escuchándose entre ellos, seguro que contribuye a que la próxima vez que haya que legislar sobre uno de los principales retos generacionales de la España del presente estén en mejores condiciones para hacerlo. Acordar sin conocerse dificulta el acuerdo. Acordar sin intercambiar conocimiento genera legislación inestable. Acordar sin escuchar a todas las partes seguro que no contribuye al mejor resultado.

La misma lógica hemos aplicado de la mano de European Climate Foundation o Greenpeace, generando comunidades formadas por políticos y activistas o, aún más disruptivo, por activistas y empresarios. Si afirmamos que ninguna transformación se puede lograr unilateralmente, la lucha contra el cambio climático debe abordarse desde la lógica de la suma de visiones. Que la principal organización ecologista a nivel mundial como Greenpeace construya diagnósticos junto a directivos empresariales de compañías de ámbitos tan distintos como la energía, la moda o la distribución, es un síntoma, sobre todo, de algo: de madurez democrática. Pero es también un síntoma de una vocación de construir los nuevos consensos, el nuevo contrato social, implicando a todos los agentes con la vocación de hacerlo más estable. Que directivos empresariales participen de esa dinámica, con la lógica de entender y pactar el mejor camino, escuchando probablemente lo que no siempre tengan ganas de escuchar, es otro síntoma de que el mundo empresarial es imperfecto, pero algunas empresas están haciendo las cosas bien. Estas experiencias no describen todo lo que ocurre, pero señalan un (buen) camino a seguir explorando.

Un buen ejemplo de las externalidades de este planteamiento se puede visualizar también en uno de los proyectos que desarrollamos de la mano de AstraZeneca. Tras la pandemia, Carlos Parry (uno de sus principales directivos, anteriormente asesor del Gobierno de Mariano Rajoy en materia de sanidad) entendió la necesidad de generar las condiciones de confianza para acuerdos que posibilitaran en el medio plazo (para la próxima pandemia, que la habrá) la transformación del sistema sanitario tras la crisis de la covid-19 y pasar de un sistema centrado en la hospitalización a un sistema basado en la prevención y la atención primaria.

A partir de ese diagnóstico, y detectada la necesidad, impulsamos durante casi dos años un espacio donde contribuimos a que políticos de distintos partidos compartieran diagnósticos, pero sobre todo asumieran la necesidad de llegar a acuerdos e impulsamos, inspirados en Mariana Mazzucato, la Misión Sanidad. Tras una de las sesiones, uno de los participantes, Javier Padilla (entonces portavoz de Sanidad de Más Madrid en la Asamblea y hoy secretario de Estado de Sanidad del Gobierno de España) y Helena Legido-Quigley (la única española miembro del Comité de Expertos de la Organización Mundial de la Salud) creyeron que debían organizarse y lanzar un mensaje de España al mundo. El resultado fue que científicos y políticos de izquierdas y derechas publicaron un artículo conjunto en *The Lancet*, una de las principales revistas científicas a nivel mundial, y generaron un debate en los principales medios de comunicación en España sobre la necesidad de impulsar reformas transversales e interpartidistas, hacerlo entre ciencia e instituciones, y de reformar nuestro sistema sanitario. Generar condiciones de confianza e intercambio de conocimiento permite transformar el entorno.

Entre los políticos millennial de la legislatura de la crisis de la covid-19 en España había ministros (por ejemplo, Irene Montero, en Igualdad), presidentes autonómicos (en Madrid, Catalunya o Murcia), alcaldes (como

Marta Farrès en Sabadell o Alberto Grajera en Badajoz), eurodiputados (como Javi López, Alicia Homs, Laura Ballarín, Ana Collado, Adrián Vázquez o Ernest Urtasun)... Y en la legislatura justo posterior, la que empezó en 2023, se empezaron a incorporar referentes de la generación zeta al propio Congreso de los Diputados. No estamos hablando, por tanto, de jóvenes que ocupan posiciones colaterales o simbólicas de poder, sino de representantes de millones de ciudadanos que ejercen sus cargos de responsabilidad y cuya aparición, renovando el ecosistema institucional, son el síntoma de un tiempo nuevo. Un turno en la historia.

La política española cuenta hoy con más de 700 representantes de las generaciones nacidas en democracia en las principales instituciones. En plena crisis de la covid estudiamos sus perfiles por primera vez. ¿Los resultados? Las mujeres suponen el 47 % y los hombres el 53 %. Hay igualdad de género. Más del 80 % tienen formación superior o universitaria y, como los referentes empresariales de nueva generación, muchos han estudiado Derecho (22 %). Las Ciencias Políticas (14 %), las Relaciones Internacionales (13 %) o el Periodismo (6 %) son los otros principales ámbitos de su formación; una brecha de conocimientos entre el sector público y privado. En cuanto al origen territorial, el origen principal de estos nuevos referentes es Catalunya, seguido de Andalucía o Castilla y León, la Comunidad de Madrid y la Comunidad Valenciana. Juntos sumaban el 50 % del total.

Asimismo, si menos del 1 % de los nuevos líderes empresariales han tenido una experiencia en el sector público, el 20 % son empleados públicos, pero al menos el 74 % de los líderes políticos emergentes hoy ha tenido una experiencia profesional previa a su acceso a las instituciones (en el ámbito de la educación, el derecho y la economía, principalmente). Desde esta perspectiva se podría afirmar que entre la élite emergente quienes ocupan posiciones institucionales tienen más herramientas para entender la lógica del sector privado que quienes lideran las empresas a la hora de comprender la lógica del sector público.

Pero si a todos nos incumben los asuntos del Estado, desde luego la radiografía debe incorporar a otros actores, y los líderes mediáticos son un agente fundamental: tanto porque las democracias cada vez están más condicionadas por los estados de ánimo y opinión que se generan en los medios y el ágora pública contemporánea que suponen las redes sociales, como por su papel de intermediación en la descripción de la realidad. Los líderes mediáticos deben asumir también una responsabilidad en la construcción de este nuevo contrato. Un ejemplo evidente: si su papel se centra en premiar las actitudes corrosivas del debate político, contribuirán también con ello a generar unos incentivos con consecuencias para el tipo de debate público que nos rodea. Si premian, sin embargo, otro tipo de actitudes, la realidad podría ir en otra dirección. Los referentes mediáticos (y por mediáticos hablamos de medios tradicionales, pero también nos referimos a los creadores de contenidos digitales) no solo describen la realidad, sino que también la prescriben.

La nueva generación nacida en democracia hoy también ocupa más tiempo en las televisiones. Y el paisaje mediático también es un síntoma del paso del tiempo, de la incorporación de nuevos ecosistemas en nuestra vida pública. Por ejemplo, Marc Calderó (nacido en 1989) ha sido ya el presentador del matinal de TVE, José Yélamo (1984) presenta el principal programa político del fin de semana en laSexta, Amanda Mars (1979) dirige el periódico económico *Cinco Días*, José Luis Sastre (1983) copresenta el programa de la radio más escuchado de España en la SER, Victoria Arnau (1991) es presentadora de los informativos de Antena 3, Diego Garrocho (1984) dirige la sección de opinión del diario *ABC*. Todos han adquirido protagonismo en el último lustro.

En el ámbito de la creación de contenidos digitales, Emilio Domènech (1990) pasó de ser corresponsal de laSexta en Estados Unidos mientras contaba también a su propia comunidad los procesos electorales en Twitch (una plataforma de *streaming* donde, sobre todo, se generan contenidos de entretenimiento) a consolidar su posición como referente generacional tras su vuelta a España y consolidando La Wikly, un espacio digital dirigido, especialmente, a la generación zeta, con contenido e información política nacional e internacional. Junto a La Wikly, junto a Domènech, la Fundació la Caixa y la farmacéutica Novartis coimpulsamos un espacio para la interacción entre los nuevos referentes mediáticos tradicionales (como Carlota Nuñez, nacida en 1991 y presentadora de Cuatro) y del ámbito digital (como Fernando Arancón, nacido en 1992, y fundador de la web de relaciones internacionales El Orden Mundial) con el objetivo de superar brechas y generar dinámicas que contribuyan a asumir su responsabilidad como referentes mediáticos. En la primera sesión, por ejemplo, abordamos el uso de la inteligencia artificial en la generación de información y contenidos, la ética que rodea al uso de la tecnología o su impacto en la calidad de la democracia. Cualquier reflexión del último siglo sobre la salud de las democracias hubiera abordado el papel del periodismo. Cualquier reflexión del próximo deberá abordar el de los creadores de contenidos. Porque los asuntos del Estado nos incumben a todos.

Una nueva generación pide paso. Para ello, como hicieron otros en el pasado, debe organizarse. Para organizarse, debe conocerse, asumir su posición y contribuir, como otros hicieron también en el pasado, a generar nuevas dinámicas que generen valor propio en el corto plazo, pero también valor compartido en el medio y largo plazo. En un contexto de reparto de poderes cada vez más difuso (hoy, un periódico, por sí mismo, no cambia la dinámica de la opinión pública de un país, pero un grupo organizado de activistas digitales puede generar foco en los medios tradicionales) ser responsables con la posición que asume cada uno es fundamental, pero generar las condiciones para el desarrollo de confianza e intercambio de conocimiento es fundamental para la construcción de nuevas dinámicas.

5

EL SECTOR DE LOS ASUNTOS PÚBLICOS NACIÓ CON LA DEMOCRACIA

«La democracia es la necesidad de doblegarse de vez
en cuando a las opiniones de los demás».

WINSTON CHURCHILL (o eso dicen)

Vivimos en democracia. Es una obviedad, pero tiene muchas implicaciones para nuestro día a día. Hay países no democráticos donde algunas empresas u organizaciones pueden participar arbitrariamente del proceso de toma de decisiones, pero no hay ninguna democracia donde todas las empresas, los ciudadanos o las organizaciones no tengan el derecho a participar en el proceso de toma de decisiones. ¿Por qué? Pues porque la participación es lo que da sentido al funcionamiento de las democracias. La Constitución española, por ejemplo, en su artículo 9, defiende el derecho de los ciudadanos a participar en la vida política, económica, cultural o social. La participación es la base de nuestro sistema.

Las empresas, los ciudadanos o las organizaciones tienen derecho a ser escuchados en el «procedimiento de la elaboración de las disposiciones administrativas que les afecten» (artículo 115 de la Constitución española), porque «contribuyen a llamar la atención sobre temas de interés para las instituciones» (Libro verde sobre la transparencia de la Comisión Europea, 2006), porque «desempeñan un papel esencial en el diálogo abierto y pluralista en que se basa un sistema democrático» o porque constituyen «una importante fuente de información» (Informe sobre los grupos de interés del Parlamento Europeo, 2008).

Los ciudadanos somos actores fundamentales para el funcionamiento de las democracias, como lo son los partidos políticos, las organizaciones sindicales o las patronales. Lo señalábamos antes: «los sindicatos de trabajadores y las asociaciones empresariales contribuyen a la defensa y promoción de los intereses económicos y sociales que le son propios» (artículo 7 de la Constitución española). Los distintos actores que convivimos en una democracia somos parte activa y necesaria para su funcionamiento. Por eso expresamos nuestra opinión. Por eso compartimos nuestros puntos de vista. Por eso nos organizamos para que los demás los conozcan. Por eso participamos. Porque en las democracias todos tenemos un papel.

Una democracia es un sistema en el que convivimos distintos actores, con distintas visiones. Por eso existen las instituciones. Porque expresan la pluralidad de la sociedad. Y para canalizar el conflicto. La democracia (liberal) institucionaliza el conflicto a través de las instituciones.

El Parlamento es el espacio donde se evidencian los conflictos, se canalizan y transforman la realidad para evitar que nos peguemos por la calle. Por eso existen los partidos políticos. Para representar las distintas concepciones de la vida y del mundo. Por eso existen los sindicatos de trabajadores o las asociaciones de empresarios. Para defender sus intereses y puntos de vista. Y por eso hemos hecho este libro: para ayudar a las empresas, los ciudadanos o las organizaciones a participar del proceso de toma de decisiones y a desarrollar sus superpoderes para contribuir a la definición del interés general. Porque en democracia conviven distintos puntos de vista.

¿Y qué es el interés general? Podríamos decir, por ejemplo, que es el resultado de la suma y contradicciones de los distintos intereses, posiciones y puntos de vista que conviven en una sociedad. El interés general es un concepto que todo el mundo asume como propio, cada uno tiene el suyo, porque todos tenemos sesgos, experiencias o puntos de vista condicionados por el papel que jugamos en la sociedad. Y todos esos puntos de vista tienen un papel en la configuración del debate público. Tanto que como ciudadanos intentamos que nuestro punto de vista, nuestro esquema de derechos y libertades, sea determinante a la hora de entender qué es el interés general.

¿Es interés general defender que España sea un hub mundial de innovación tecnológica? Probablemente todos diríamos que sí. Porque eso posicionaría a nuestro país en la transición hacia un nuevo modelo económico, porque generaría un empleo de alto valor añadido y porque generaría un impacto positivo en la sociedad... Pero alguno respondería que eso puede entrar en contradicción con la protección de determinados preceptos, derechos y grupos instalados previamente. ¿Es motivo suficiente para negar la posibilidad de esa innovación? Probablemente, no. La política en democracia es hacerlo compatible.

¿Y es interés general defender una transición hacia un modelo económico más sostenible? Probablemente, sí. Pero alguno podría responder que eso tiene un impacto negativo en su vida, transformando o destruyendo su trabajo o reduciendo su poder adquisitivo. ¿Es motivo suficiente para negar la necesidad de esa transición? Probablemente, no. La política en democracia es hacerlo compatible. El interés general representa la suma y contradicciones de la pluralidad de la sociedad.

Asimismo, en las democracias, la calidad de la información condiciona las decisiones. No hay democracia sin organizaciones que participen en el debate público: «la ley regulará la participación de los ciudadanos a través de, entre otros, la audiencia de los ciudadanos, directamente o a través de las organizaciones y asociaciones reconocidas por ley» (artículo 115 de la Constitución española). Pero tampoco hay democracia sin una opinión pública informada. Y a eso también queremos contribuir con las herramientas propuestas en este libro.

Los sistemas democráticos parten de un precepto: los ciudadanos somos libres, tenemos información perfecta y, como consecuencia de ello, somos llamados a participar en el proceso de toma de decisiones. ¿Es realmente así? Queremos contribuir a que sea así. Porque la democracia es el sistema que más protege nuestros derechos y libertades, pero también es el sistema que genera entornos de más estabilidad económica y social. Sin una ciudadanía bien informada, la democracia no funciona. Si la democracia no funciona, nada funciona.

Desde la aprobación de la Constitución española, todos los ciudadanos tenemos el derecho a participar en el proceso de toma de decisiones. Como ciudadanía entendemos también la forma en cómo nos articulamos en nuestra vida civil (los partidos, las organizaciones estudiantiles o las instituciones académicas), en nuestra vertiente profesional (las organizaciones empresariales o los sindicatos) o incluso moral (a través, por ejemplo, de las organizaciones religiosas). Desde que los ciudadanos tenemos derecho a participar en el proceso de toma de decisiones se han articulado multitud de estructuras para hacerlo posible. Con la llegada de la democracia, y la adquisición de nuevos derechos, emergió una nueva industria: los asuntos públicos.

Los primeros años, la ausencia de experiencia en los procesos de participación democrática otorgó un papel preponderante a los despachos de abogados. Un sector ya existente. A partir de la defensa de un derecho constitucional fundamental, compañías del ámbito jurídico como Garrigues (liderado entonces por quienes fueron algunos de los prohombres de la Transición), se convirtieron en los principales asesores de aquellos que en el contexto de la nueva democracia querían participar del proceso de toma de decisiones.

En ese contexto, asumieron una función de intermediación en la relación entre el sector público y el privado, condicionados, todavía, por los coletazos de un régimen previo en el que el acceso directo al poder estaba limitado a pocas personas. Y en un momento en el que la legislación más básica estaba todavía en construcción y, por tanto, el conocimiento del derecho les situaba en una evidente ventaja competitiva. Los abogados fueron los primeros lobbistas de la democracia española.

La tradición del *lobby*, sin embargo, tiene antecedentes geográficos e históricos más lejanos. Dicen algunos que el origen del término, tan denostado, se sitúa en el siglo XIX en el recibidor (el *lobby*) del Hotel Willard, situado delante de la Casa Blanca, y donde el entonces presidente Ulisses S. Grant pasaba las tardes fumando porque la familia no se lo permitía en la Casa. Allí le iban a visitar los empresarios para compartir su visión de los asuntos públicos.

También hay quien apunta a que el término se empleaba anteriormente en el Reino Unido, la primera democracia liberal. En cualquier caso, el origen del concepto y su actividad está intrínsecamente ligada a la existencia de democracias y al derecho de participación: porque hay países no democráticos con *lobbies*, pero no hay ninguna democracia sin *lobbies*. Los *lobbies*, las organizaciones que participan del proceso de toma de decisiones, son tan consustanciales a las democracias como lo son los partidos políticos, hasta el punto de que su actividad se justifica, como hemos visto y en el caso de España, en nuestra propia Constitución.

Los despachos de abogados asumieron, pues, esa función: quien quisiera tener una mejor capacidad de participar y, por tanto, de influir, en el proceso de toma de decisiones, podría contar con ellos y sus servicios. Sin embargo, como el conocimiento del derecho no implica necesariamente un conocimiento preciso sobre las dinámicas de la política (por ejemplo, el sentido de la oportunidad de presentar una iniciativa en un momento u otro o los sesgos de los interlocutores con los que compartes tu punto de vista), aparecieron, complementariamente, los primeros consultores políticos (los expertos en campañas electorales) que se reivindicaron también como los profesionales más adecuados para asesorar en un proceso de estas características.

Entre los profesionales más relevantes de los primeros años destacó, por ejemplo, el también abogado José Luis Sanchís. Un consultor político que llegó a presidir una de las principales organizaciones de consultoría política a nivel mundial (la International Association of

Political Consultants) o a ser el segundo de abordo de la organización homóloga europea (la European Association of Political Consultants) y cuyo enfoque desde la consultoría política tuvo continuidad, posteriormente, a través de otras compañías como MAS Consulting (hoy Nitid, de la mano de Daniel García Ureña).

La industria local de los asuntos públicos emergió en España con la democracia, pero las empresas de países como Reino Unido, Suecia o Estados Unidos nos llevaban unas cuantas décadas de ventaja. La práctica de los asuntos públicos tenía hasta más de un siglo de historia en esos países porque ya eran democracias consolidadas. Y, precisamente por ello, fueron las compañías internacionales, especialmente las americanas, las que, instalándose en nuestro país en los años noventa, aceleraron el crecimiento del sector. Por ejemplo, con figuras como Javier Puig (que llegó a ser el presidente de Edelman, compañía estadounidense, en nuestro país, o vicepresidente de la firma a nivel global, y más tarde asesor de beBartlet), sustituido en los 2000 como presidente por Antonio Fournier (hoy presidente de Intelcorp) o con figuras como José Antonio Llorente (consejero delegado también en los años 90 de Burson Masteller, también americana, y que fundó también en los 2000 Llorente & Cuenca, hoy LLYC, la principal compañía española del sector).

En la década de los 2000, se instalaron también nuevas empresas como la británica Political Intelligence, nacida en 1995 en Westminster (UK), y liderada con éxito desde entonces y hasta hoy por María Rosa Rotondo (que se convirtió durante muchos años en la presidenta de la Asociación de los Profesionales de las Relaciones Institucionales, hoy liderada por Carlos Parry). También lo hicieron las filiales de las compañías estadounidenses Weber & Shandick, Hill & Knowlton o la sueca Kreab. Todas ellas no solo con una experiencia avalada por la tradición democrática de sus países de origen, sino porque hicieron una aproximación de sus servicios y en relación a los procesos de participación desde la lógica, sobre todo, de la comunicación.

Con la llegada de la democracia, llegó también la prensa libre y, a su vez, el nuevo papel de los medios de comunicación en la configuración del debate público. Los consultores de comunicación fueron quienes se empezaron a reivindicar como los profesionales que mejor podrían ayudar en este proceso: porque entendían que el proceso de participación estaba fuertemente condicionado por la opinión de los medios.

En este contexto es en el que, ya entrados los 2000, LLYC se posicionó en España (y desde aquí en gran parte de Latinoamérica) como un actor relevante del sector junto a otros como Inforpress (hoy Atrevia), por aquel entonces, fundamentalmente, una agencia de relaciones con la prensa, y presidida todavía hoy por Nuria Vilanova. Todos aquellos que como José Antonio Llorente (que pronto se asociaría con Luisa García o, tras su prematuro fallecimiento, en quien fue su sucesor como consejero delegado de LLYC, Alejandro Romero), Antonio

Fournier, María Rosa Rotondo o Nuria Vilanova llevan décadas en el sector merecen no solo su mención, sino también un reconocimiento. Porque crearon e hicieron crecer una industria inexistente en España que hoy es reconocida como imprescindible y hoy siguen siendo referentes. Y, en especial, nuestro amigo José Antonio, que se fue antes de lo esperado, pero que dejó un legado de referencia para todo el sector.

Llorente & Cuenca (LLYC) se posicionó pronto como la principal compañía de los asuntos públicos en España con un equipo bajo la dirección de Joan Navarro (que llegó a ser vicepresidente), de la mano de Carmen Muñoz (hoy en SilverBack), Manuel de la Fuente o Alfredo Gazpio (después en Kreab, y hoy socios de Harmon). Durante la década del 2010, LLYC, Atrevia o Kreab se disputaron el liderazgo del sector y combinaban sus tradicionales servicios de comunicación o prensa, con los de los asuntos públicos mientras apenas nacían nuevos competidores como Vinces (de la mano de David Córdova).

Pero si la democracia trajo consigo las primeras experiencias empresariales en el ámbito de los asuntos públicos, la Gran Recesión de principios del siglo XXI llevó asociada la eclosión de nuevos actores, cuya aparición aceleró un proceso ya en marcha en un sector que pasó de ofrecer unos servicios muchas veces centrados en la intermediación a través de facilitadores de relaciones institucionales, despachos con telefonistas haciendo peticiones de reuniones, a la desintermediación por traducción. Los consultores adquirían de forma más evidente un valor como intérpretes entre dos mundos que se daban la espalda, las instituciones y el sector privado, que usaban lenguajes distintos, que tenían visiones distintas y que requerían de nuevos actores con capacidad de hacer de puente entre ellos. La crisis financiera, y la aparición de nuevos partidos y, con ellos, nuevas dinámicas, facilitó al mismo tiempo la entrada de nuevos agentes en el sector y la evolución del planteamiento de las compañías consolidadas.

En ese contexto, en los últimos años, han entrado en escena compañías con distintos enfoques como Estrategos (liderada por Fran Jerez), Acento (fundada por los exministros José Blanco o Alfonso Alonso), Harmon (fundada también por Eduardo Madina, José María Olmos o Diego Bayón). Asimismo otras compañías tradicionalmente del sector de la comunicación como Roman (presidida por Silvia Alsina) han ampliado su cartera de servicios hacia los asuntos públicos también con notable éxito.

¿Pero de qué volumen hablamos? Se estima que el sector de los asuntos públicos en su conjunto factura 80 millones de euros en España. Para poner perspectiva: el conjunto del sector de la consultoría facturó 14.000 millones de euros en nuestro país en 2022. Estamos hablando, por tanto, de un sector al que se le puede atribuir mucho poder, pero que en términos económicos relativos es prácticamente irrelevante. Por eso, aunque se habla de burbuja (el número de consultoras ha crecido exponencialmente en la última década) probablemente estemos asistiendo a un momento de crecimiento del conjunto del sector (independientemente de que en el futuro veamos disoluciones, fusiones o adquisiciones entre compañías) porque la complejidad de la política y las sociedades contemporáneas requiere que cualquier organización que quiera participar del debate público y del proceso de toma de decisiones deba dedicarle más tiempo y también más presupuesto.

El sector, en crecimiento, ofrece múltiples alternativas y enfoques: quienes reivindican el valor de la precisión jurídica en el asesoramiento, quienes consideran que lo más relevante es una metodología de interacción ordenada y sistematizada, quienes entienden que lo importante es la intermediación en el acceso, quienes apuestan por sistemas de análisis regulatorio a través del uso de tecnología, quienes tienen un ejército de consultores haciendo servicios de secretaría, quienes hacen lo mismo pero mucho más barato, quienes ofrecen servicios difusos entre los asuntos públicos y la comunicación, quienes ofrecen servicios difusos entre los asuntos públicos y la consultoría estratégica o quienes se ponen las gafas de políticos para pensar como ellos y tomar las mejores decisiones, quienes se rodean de expolíticos para ser más competitivos o quienes creen que no es conveniente tener a expolíticos entre sus empleados.

El sector es pequeño, pero desde luego, lo que no faltan, son enfoques y opciones. Y pese a que el sector solo tiene cuatro décadas de antecedentes, el sector está prácticamente (re)naciendo. No es casualidad que esto ocurra en paralelo a los cambios de fondo de la sociedad. No es casualidad que esto ocurra en paralelo a la necesidad de renovar el contrato social. No es ninguna casualidad que esto esté pasando en paralelo a las grandes transformaciones a las que asiste nuestro orden económico y social. De hecho, el sector está (re)naciendo, porque el mundo está en un momento de refundación.

Hay muchas aproximaciones distintas al mismo reto: contribuir a una mejor participación. Nuestra aproximación desde que pusimos, por primera vez, el concepto de incidencia pública en el mercado español (hoy hay quien asume el concepto también, lo cual es un buen síntoma) es que, siendo probablemente válidas muchas formas de entender los asuntos públicos, ha llegado el momento de evolucionar la mirada de un sector cuyo valor principal ha estado sobre todo en la intermediación entre las partes (como facilitadores de relaciones o como traductores de entornos) a estarlo en la construcción de las condiciones para el intercambio de conocimiento entre las partes. Pasar de ser intérpretes a ser arquitectos. Impulsar los espacios que generan las condiciones que hacen posibles las grandes transformaciones. Hacer lo que en palabras de Mariana Mazzucato en *Misión Economía* considera que son las necesarias asociaciones entre actores públicos y privados que colaboran para resolver problemas de la sociedad y que nosotros hemos puesto en práctica a través de la

Misión Sanidad, la Misión Contrato Social o la Misión Transición ecológica.

Nuestra visión de la incidencia pública, que también es la suma de las visiones de distintos sectores como los asuntos públicos, la comunicación, la negociación o la estrategia, pasa también por plantear una metodología distinta a partir de un diagnóstico preciso, pero sencillo, de nuestro entorno: como hemos visto en las páginas anteriores, esto ha cambiado. Ya nada es igual. Y ya no vale hacer lo mismo de siempre. Eso implica tener una mirada amplia y sin prejuicios sobre el funcionamiento de la sociedad y, como siempre y en todos los sectores, aprender de los mejores.

En este caso los mejores, en España, han estado en el tercer sector. De hecho, es en el tercer sector donde se ha usado tradicionalmente un concepto parecido al de la incidencia pública para abordar cosas parecidas: la incidencia política. Aunque no es exactamente lo mismo: el concepto «política» parecería hacer referencia exclusivamente a los partidos y las instituciones, mientras el concepto «pública» haría referencia a toda la esfera pública (instituciones, medios, ciudadanía...), a todos aquellos actores que participan del debate público, a la totalidad de agentes que pueden tener impacto en el entorno. En todo caso, en el ámbito corporativo se hablaba de relaciones institucionales, relaciones parlamentarias, relaciones gubernamentales, *lobby* o asuntos públicos, mientras el tercer sector optó por hablar, por un lado, de incidencia y, por el otro, de política. Dos conceptos que juntos y separados trascienden a una mera nomenclatura estética y diferencial. Y que evidencian como el tercer sector mira más hacia fuera que hacia dentro de sus organizaciones.

El tercer sector fue el primero en acertar porque fue el primero en entender que hoy los grandes cambios los impulsa, o los frena, la sociedad. Y que por eso no es muy relevante conocer a un político, o no conocerlo, convencerlo, o no, si no se tiene la capacidad de conocer las prioridades de la ciudadanía, su psicología social, y si no se tiene la capacidad de implicarla, convencerla y sumarla a tu causa implícita o explícitamente. Un planteamiento de abajo arriba y no de arriba abajo. Tradicionalmente el tercer sector ha tenido que aprender muchas cosas del mundo de los negocios: primero, a ser sostenibles económicamente, y, segundo, a organizarse para ser estructuras más eficientes. Sin embargo, en este ámbito el tercer sector ha marcado y marca el rumbo al mundo de los negocios.

Porque cuando hablamos de democracia hay que hablar también, o sobre todo, de la ciudadanía. No se trata de hacer lo que un sondeo nos indica que es la opción preferible o mayoritaria, porque el liderazgo implica también poner sobre la mesa propuestas impopulares. Se trata de interiorizar que la ciudadanía es un actor político fundamental en una democracia y que hay que tener en cuenta sus dinámicas si nuestro objetivo es que lo que proponemos sea la base de una gran transformación y estable en el tiempo. Ninguna gran transformación se puede hacer de espaldas a los ciudadanos. Así de sencillo.

Porque las brechas dividen a la sociedad. La desigualdad es el principio activo de la inestabilidad. Y la inestabilidad frena el desarrollo económico. Es una de las principales conclusiones del Foro de Davos desde hace años. No hay sociedad que resista altas cuotas de desigualdad ya sean por renta, por territorio o por cualquier otra condición. Porque las desigualdades generan injusticias, pero generan sobre todo reacciones e impiden las transformaciones.

Por ejemplo, la imprescindible ambición en la transición energética es percibida como una fuente de desigualdad para una parte de la población: las rentas más bajas y el ámbito rural. Acelerar la transición es imprescindible. La alternativa es peor. Pero si la aceleración puede ser fuente de mayor desigualdad, las víctimas no serían solo los agraviados del proceso, porque su reacción tiene consecuencia para los demás, frenando el proceso de transición y aumentando las brechas que dividen a la sociedad y entre el ámbito urbano y rural: ¿qué pasa si una comarca entera pierde un 10 % de su empleo en un periodo corto de tiempo? ¿Qué impacto tiene en la economía de la zona? Y políticamente, ¿qué implica? Hay que tenerlo en cuenta.

Y porque lo mismo ocurre con otra tipología de brechas. Por ejemplo, entre partidos. ¿Qué consecuencias tiene que los líderes de dos partidos con vocación de gobernar no tengan una interlocución habitual entre ellos?

¿Puede una sociedad impulsar grandes transformaciones en un contexto de ausencia de conversación, no digamos ya de confianza entre sus líderes? Aparentemente, es difícil. Y contribuir a generar los escenarios donde sea posible plantear grandes transformaciones es una palanca fundamental para la incidencia pública.

6

LA INCIDENCIA PÚBLICA
ES EL NUEVO SUPERPODER
DE LAS ORGANIZACIONES

> «Necesitamos herramientas para construir
> una economía orientada al propósito».
>
> MARIANA MAZZUCATO

Pero ¿qué es exactamente la incidencia pública? La incidencia pública es la adaptación, pero no exactamente la traducción, que nosotros proponemos del término anglosajón *advocacy*. En la misma línea filosófica del planteamiento que hacen en el tercer sector, por ejemplo, organizaciones como Save the Children, la Plataforma por la Infancia o Educo, que han tenido la capacidad (y la ambición) de posicionar a través de esta disciplina y entre las prioridades de la agenda pública española cuestiones que hasta su entrada en escena no eran relevantes, como, por ejemplo, la pobreza infantil. Hasta el punto de conseguir que un gobierno creara un Alto Comisionado para tratar este tema, contrastando con la incapacidad de otros actores de posicionar y priorizar con la misma intensidad, por ejemplo, el paro juvenil. ¿Por qué?

Según Cambridge Dictionary, la traducción de *advocacy* sería la defensa y propugnación o el apoyo público a una idea, plan o forma de hacer algo. Según el diccionario Collins su traducción literal sería o bien un apoyo (activo) o una defensa (traducción de tipo legal). El mismo diccionario definiría a un grupo de incidencia pública (*advocacy group*) como una organización que intenta influir en las decisiones de un gobierno u otra autoridad. Si optamos por Google Translator, *advocacy* significa defensa, abogacía, apoyo o recomendación. Y si optamos por Reverso (otro traductor online) adicionalmente lo traduciremos como activismo o sensibilización.

En el ámbito académico, y a partir de las traducciones anteriores, encontramos otras aproximaciones. Por ejemplo, «la incidencia pública implica que una(s) persona(s), ya sea un individuo o un grupo vulnerable o su representante acordado, presione [influya o defienda] de manera efectiva su caso ante otras personas influyentes, sobre situaciones que les afectan directamente o, más habitualmente, tratando de impedir cambios propuestos que los dejarán en peor situación. Tanto la intención como el resultado de dicha incidencia pública deberían ser aumentar el sentido de poder del individuo; ayudándoles a sentirse más seguros, a ser más asertivos y a tener más (y mejores) opciones» (Brandon, 1995b, p. 1, citado en Brandon y Brandon, 2001).

A partir de la definición anterior, Wilks (2012) identifica algunos elementos clave para la incidencia pública: presionar defendiendo un caso (ejercer influencia), la incidencia pública como una práctica de empoderamiento o intentar persuadir a los decisores para que asuman un curso de acción determinado. Otros autores como Schneider y Lester (2001, p. 65) ponen el foco en sus definiciones de incidencia pública en la influencia sistémica persiguiendo un problema colectivo. «La incidencia pública puede describirse como el proceso de identificar y representar los puntos de vista y preocupaciones de una persona, con el fin de garantizar mayores derechos y prerrogativas, realizado por alguien que tiene poco o ningún conflicto de intereses» (Henderson y Pochin, 2001, p. 1). Señalar a ese «alguien» como un actor distinto que ayuda a la persona que tiene «puntos de vista y preocupaciones» introduciría el papel que pueden tener las consultoras que apoyan a otras empresas u organizaciones en ese proceso.

Más aproximaciones: «tomar medidas (acción) para ayudar a las personas a decir lo que quieren» (*Action for advocacy*, 2002), «la incidencia pública es crucial para la asistencia social y el cambio social, en la medida en que crea la base de la justicia social y busca proteger los derechos humanos» (Goldberg Wood y Tully, 2006, p. 141) o «en un mundo de creciente complejidad donde las fuentes de poder y autoridad están aisladas y cada vez más difusas el ejercicio de la incidencia pública es importante, ya sea practicado como parte del rol profesional o como profesión» (Wilks, 2012, p. 177).

Hay que prestar atención a esta última constatación de que las fuentes de poder son cada vez más difusas por la oportunidad que eso genera a cualquier actor en democracia de participar del juego del poder. Porque a eso nos dedicamos, a generar nuevas oportunidades para la participación en un contexto donde la autoridad es un concepto cada vez más cuestionado y/o compartido entre más actores. Por eso el sector de los asuntos públicos nace con la democracia. Por eso tras la crisis de la Gran Recesión y la aparición de nuevos actores (Podemos o Ciudadanos, por ejemplo) llevó asociada también la aparición de más compañías dedicadas a ello.

Por eso también el acceso, la capacidad de acceder a un político, tiene cada vez menos valor en este proceso: porque hoy un político tiene un poder de representación, pero comparte ese poder con otros muchos actores que fiscalizan sus decisiones, los ciudadanos organizados, y a quienes también hay que convencer, concentra menor poder y lo concentra durante menos tiempo. Por eso el proceso de participar e incidir en la configuración del interés general cada vez es más complejo y necesitas a más y mejores profesionales a tu lado. De nada sirve conocer al presidente del Gobierno si no conoces a la sociedad a la que representa. De nada sirve convencerle si no tienes la capacidad de convencer, e implicar, a la sociedad a la que representa.

Para nosotros, la incidencia pública es un proceso de participación y una práctica de empoderamiento de las organizaciones empresariales, institucionales o sociales, dirigido a aumentar sus derechos o capacidades, implicando a quienes tienen el poder y a la sociedad que lo legitima, la licencia social, convenciéndoles a través de la generación o el intercambio de conocimiento, la articulación de alianzas, o la movilización social, de que su visión, causa o interés, impacta positivamente en el interés general, genera palancas para la transformación y que constituye una de las bases del funcionamiento de las democracias. Estamos ante un proceso que desarrolla un derecho fundamental, el de participación, y ante una práctica que contribuye a la articulación de las demandas sociales, un precepto básico de la democracia, que, además, tiene la capacidad de alinear un beneficio positivo para la organización y, a su vez, para el entorno. A través de la incidencia pública podemos apoyar causas para defender las necesidades, visiones y circunstancias de un grupo que se organiza, reivindica su papel en el proceso de toma de decisiones y lo defiende legítimamente. El mejor antídoto contra «el capitalismo de amiguetes».

Para garantizar que el derecho de participación se pueda ejercer en igualdad de condiciones, la transparencia es fundamental. La ausencia de ella, o la necesidad de aumentarla, es lo que ha llevado en muchas ocasiones a considerar que la relación entre las empresas y las instituciones, por ejemplo, carece de legitimidad. Nada más lejos de la realidad. Nada más lejos de la estructura y el funcionamiento básico de la democracia. La interacción con las instituciones por parte de cualquier agente de la sociedad es un fundamento democrático básico. Pero si las democracias quieren consolidar la legitimidad de aquello que defienden, quieren generar mecanismos que eviten cuestionar la esencia de su funcionamiento, deben hacerlo en un contexto de mayor transparencia.

Se suele decir también que la relación entre empresas e instituciones no está regulada. Pero, como hemos visto, no es una afirmación precisa. El derecho de participación forma parte de nuestro ordenamiento jurídico. Como el derecho a la defensa que lideran los abogados. Sin embargo, es necesario seguir desarrollando una normativa que facilite la transparencia de esa relación y mejorar las condiciones para la participación. Que no sea transparente no convierte esa relación en ilegítima, la convierte en desconocida y permite cuestionar la naturaleza de algo que es necesario y fundamental para el funcionamiento de la democracia. Desde esa perspectiva, transparentar esas relaciones debería ser una práctica más habitual. En el nuevo contrato social, la legitimidad de la participación de todos los actores que forman parte de la sociedad debe ser más transparente. Entre otras cosas, porque la transparencia facilita la igualdad de oportunidades: visibilizar quién participa de un proceso de toma de decisiones, contribuye a que se tome en consideración también a quien no está participando, y permite a los ciudadanos fiscalizar a los que forman parte de ese proceso.

El Parlamento Europeo marca un camino para la transparencia a través de su registro de grupos de interés y en el que deben inscribirse todas aquellas organizaciones (compañías privadas, *think tanks*, instituciones religiosas...) y personas que interaccionan con cualquier miembro, y participan del proceso de toma de decisiones. En 2022 había más de 12.000 inscritos. Si no estás registrado, no puedes acceder a la institución. El registro se fundamenta en la legislación internacional: «el Tratado de la Unión Europea enmarca y promueve las relaciones transparentes y éticas entre, por una parte, las instituciones europeas y los dirigentes políticos europeos y, por otra, la sociedad civil y las asociaciones representativas». Más de 3.000 ONG, más de 3.000 empresas, más de 500 consultoras, más de 500 *think tanks*, casi 100 despachos de abogados o 50 instituciones religiosas forman parte del registro.

Asimismo, su existencia se justifica para el Parlamento Europeo en la medida en la que «las instituciones de la Unión interactúan con todo un abanico de grupos y organizaciones que representan intereses específicos y realizan actividades de representación de intereses. Se trata de un componente legítimo y necesario del proceso de toma de decisiones con vistas a garantizar que las políticas de la Unión reflejen las necesidades reales de los ciudadanos. Todos los tipos de representantes de intereses pueden proporcionar al Parlamento conocimientos y experiencia específica sobre numerosos ámbitos económicos, sociales, medioambientales y científicos. También pueden desempeñar un papel clave en el diálogo abierto y pluralista en el que se basa un sistema democrático».

El Parlamento Europeo también prevé la publicación obligatoria de información sobre las reuniones cuyo objeto sea «influir en las políticas o en el proceso de toma de decisiones de las instituciones europeas, con independencia del lugar en el que se celebren» por parte de los ponentes, ponentes alternativos y presidentes de las comisiones que elaboran informes. El resto de los miembros del Europarlamento pueden hacerlo de forma voluntaria y no están obligados, pero hay que ir más allá. Debe ser obligatorio. Lo mismo ocurre con la llamada huella legislativa.

La huella legislativa «se trata de una lista que refleja el abanico de conocimientos especializados y opiniones externas que ha recibido el ponente de un informe. A continuación, se publica junto con el informe tras ser aprobado en comisión, y permite a los ciudadanos saber con quién ha mantenido contactos el ponente antes de la votación final en el Pleno del Parlamento. Es independiente de la publicación de las reuniones con representantes de intereses, pero los ponentes pueden utilizarla como complemento de sus declaraciones de reuniones» con ellos. Debería ser obligatoria para todos los miembros de la institución en el proceso de elaboración de cualquier norma. En España, algunas instituciones, como el Parlament de Catalunya o la Comisión Nacional del Mercado de la Competencia (CNMC), han puesto ya en marcha registros obligatorios, o voluntarios en algunos casos, mientras el Congreso de los Diputados o el Gobierno de España no disponen todavía de él. Que no exista introduce dudas sobre lo que esté pasando, aunque sea legítimo, necesario y fundamental para el desarrollo de nuestra democracia, que pase (casi) todo lo que está pasando. Urge cambiarlo.

Mejorar las condiciones de la participación en las relaciones con las instituciones contribuye a la fiscalización de y entre los distintos poderes: al poder público, desde la sociedad civil, y a la propia sociedad civil, incentiva la participación de más actores y, por tanto, mejora el proceso de participación y la vocación de la legislación de representar mejor al conjunto de visiones e intereses de la sociedad sobre un mismo tema. Pero, probablemente, esa transparencia debería interpelar también a otros actores que, no tomando decisiones, son agentes fundamentales en el desarrollo del debate público y que condicionan cada vez más las propias decisiones. Las organizaciones sociales que no lo hagan deberían transparentar con más intensidad el origen, por ejemplo, de su financiación, a partir de qué interacciones han llegado a determinadas conclusiones, del mismo modo que los medios de comunicación que no lo hagan podrían visibilizar, cuando ocurra, incluso, con qué partes han interaccionado para llegar a determinadas conclusiones. Todo ello contribuiría a legitimar sus posiciones, el papel que representan en la sociedad, y visibilizarlo contribuiría a normalizar el desarrollo de un proceso como el que proponemos que, lejos de representar una práctica espúrea, fundamenta lo que somos como democracia.

La incidencia pública, como vemos, es una práctica fundamental en lo que entendemos por democracias liberales: un sistema con separación de poderes, que reconoce la existencia de los ciudadanos, protege sus derechos, y que representa el ideal y la aspiración de democracia en todo el mundo. Las democracias europeas son un buen ejemplo de ello. Lo recordamos una vez más porque, del mismo modo que si no viviéramos en una democracia liberal la pluralidad de agentes de la sociedad no tendrían ni el derecho ni la capacidad de hacer incidencia pública, como vivimos en una democracia liberal su ejercicio también tiene límites porque parte de un diagnóstico de la realidad (sociedades plurales que se sustentan en un contrato social con las instituciones) que no es útil para quien quiera imponer una dictadura, un régimen soviético o cargarse el papel regulador de las instituciones. Es un instrumento útil y fundamental para el desarrollo y el proceso de cambios gradual en un contexto de democracia liberal. Si tu propuesta es otra, hay mecanismos más eficientes como las revoluciones o los golpes de estado. A nosotros estas alternativas, la verdad, no nos gustan.

Estas ideas conectan con otra realidad: pocas personas entienden muy bien el funcionamiento del poder. Hace falta tener muchas habilidades y capacidades. Y eso, si tienes dinero, puedes solucionarlo. Porque puedes contratar a quien sí lo entienda y sí las tenga. El problema lo tienen, sobre todo, quienes no tienen los recursos necesarios para ello. Quienes probablemente nunca han interaccionado con el poder. Y quienes tienen más dificultades, por tanto, para poder construir su propio poder.

Este libro, en parte, quiere dar algunas respuestas a todo ello. Pero no deja de llamar la atención como en las democracias liberales el ejercicio de la abogacía, y garantizar el derecho a la defensa ante los tribunales de todos los ciudadanos, forma parte no solo del ordenamiento jurídico (incluso con un turno de oficio si no tienes recursos), sino también de la cultura social (todo el mundo entiende que tenemos derecho a defendernos ante un juez) y, sin embargo, el derecho de participación pública, pese a que cada vez se reducen más las brechas, no solo no está garantizado, sino que hay una enorme brecha (cultural o económica) para poder llevarlo a cabo.

Por eso, y desde esa lógica, nosotros hemos optado profesionalmente por no asesorar a aquellas causas de empresas u organizaciones en las que no creemos (rechazando trabajar, por ejemplo, para algunos sectores cuyo objeto social no aporta ningún valor social o en países no democráticos) y hemos generado alianzas y colaboraciones con organizaciones no gubernamentales para contribuir al éxito de sus iniciativas hasta que quizá llegue el día en el que el derecho de participación sea un derecho garantizado también a través de un turno de oficio. Será un síntoma adicional de calidad democrática. Al tiempo.

7

LA INCIDENCIA PÚBLICA
NO SON LAS RELACIONES PÚBLICAS

> «Jep: ¿Qué haces esta noche, *chérie*?
> Dadina: Una sopa y echar un polvo.
> Jep: Dos cosas en contradicción.
> Dadina: No son contradictorias.
> ¡Son dos cosas calientes!».
>
> PAOLO SORRENTINO, *La grande bellezza*

El principal elemento común entre lo que (ya) conocemos por incidencia pública frente a los asuntos públicos o las relaciones públicas tiene que ver, principalmente, con el uso de una misma palabra. Sin embargo, son tres dimensiones profesionales, filosóficas, circunstanciales o conceptuales distintas. Por ello, quien plantee un proceso de incidencia pública como si fuera un organizador de eventos, un dinamizador de relaciones sociales o un generador de *networking*, se lo pasará bien, pero no tendrá capacidad de transformar nada. Cada cosa sirve para otra distinta.

Primero, porque la incidencia pública es, como hemos dicho, un proceso. Y por sí mismo, la organización de un evento no es relevante en ningún proceso. Y, segundo, porque la incidencia pública es un proceso en el que el intercambio de conocimiento es una palanca para la transformación. Comer croquetas es divertido, pero no sirve para transformar nada. La creación de redes es importante en un proceso dirigido a incidir: las redes permiten conocer realidades distintas, entender otros puntos de vista y con ello saber anticiparte a la reacción de los demás, acumular experiencias que cambian tu forma de entender las cosas, poder consultar algo de forma urgente con alguien... Pero la creación de redes por sí mismas, basadas en el entretenimiento, sin asociarlas a elementos estructurales de acción y reflexión, el *networking*, tiene una dimensión que puede servir para vender productos, para ganar dinero, para echar unas risas (fundamental en toda rutina diaria), para tener relaciones íntimas (todavía más importante en la vida), pero no es útil para generar condiciones estructurales de transformación.

Algunas dosis de frivolidad puede que aporten algo bueno a la vida, pero no son ni pueden ser, desde luego, la base del orden social. El *networking* es a las relaciones públicas lo que el *bridging* es a la incidencia pública. Pero circulan en paralelo. El *bridging* es un concepto acuñado por Robert Putnam, que traducido sería algo así como el «capital social puente». A diferencia del *networking*, a partir de la interacción entre personas que piensan distinto y el intercambio de conocimiento, se genera un capital simbólico muy positivo para las democracias y el compromiso de sus sociedades.

La relación entre incidencia pública y los asuntos públicos es distinta, porque es más íntima. No se entendería la primera, sin la existencia de la segunda. No solo porque la evolución del sector así lo ha ordenado cronológicamente, sino porque la relación con las instituciones que caracteriza a los asuntos públicos es una parte del proceso de la incidencia pública, pero no solo, y no es ni siquiera el principal. Para desarrollar nuestros proyectos de incidencia pública, la interacción habitual no la tenemos con representantes institucionales, sino con otro tipo de agentes sociales: tanto porque nuestros clientes no necesitan que nadie les lleve de la mano a hablar con un político (son organizaciones con suficiente legitimidad como para poder interlocutar directamente) como porque el mundo ha cambiado. Y los políticos son muy importantes en la sociedad, pero más importantes son sus votantes si saben organizarse. Probablemente, el sector de los asuntos públicos, a diferencia del de las relaciones públicas (que seguirá teniendo su vida propia, paralela, porque tiene una utilidad, una naturaleza y unos objetivos distintos) acabará evolucionando, paulatinamente, hacia el de la incidencia pública.

Durante muchos años el sector de los asuntos públicos, una práctica profesional y cada vez más profesionalizada, tuvo la necesidad de defenderse de las características negativas que algunos asocian a los *lobbies*. La palabra, de difícil traducción, que a su vez es sustantivo y puede ser verbo, hace referencia al sujeto (*lobby*, grupo de interés/presión), y hace referencia a la acción del sujeto (*lobbying,* acción de influir), no ha tenido muchos defensores en España. Fundamentalmente porque se ha confundido una actividad legítima y necesaria en las democracias (que los afectados por una legislación puedan ser escuchados por los parlamentarios, algo que también emana de la Constitución) con algo que está castigado en estos mismos sistemas políticos: por ejemplo, el tráfico de influencias. Una de las virtudes del Código Penal es su precisión, y por eso es tan fácil diferenciar este delito de una práctica abiertamente democrática.

Por eso vale la pena recordarlo: el tráfico de influencias consiste en prevalecerse de una relación personal para forzar una decisión u ofrecer dinero a cambio de tomar una decisión arbitraria a quien puede tomarla en una institución y es un delito, no es *lobby*. Y añadimos: condicionar a un funcionario en un acto administrativo (como otorgar una subvención) ni es *lobby*, ni tiene que ver con el derecho de participación. En España no ha habido ningún caso de corrupción relevante ligado al proceso de elaboración de las leyes en los parlamentos (*lobby*), los ha habido en el proceso de licitaciones y actos administrativos, y, sobre todo, en las comunidades autónomas o los municipios. No hay ningún caso relevante de corrupción que tenga que ver con el desarrollo de las normas. Porque la relación entre empresas e instituciones en el ámbito de la creación de las normas se fundamenta, cada vez más, en la capacidad de construir legitimidad de las opiniones que se defienden y la capacidad de defenderlo ante terceros. No propongas nada que no tengas la capacidad de defender en una rueda de prensa es una máxima a aplicarse en este (y otros) ámbitos. Del mismo modo que cada vez está más extendida la recomendación metafórica, pero con una base real, de que si quieres que algo no se sepa no es que no debas hacerlo, no es que no debas contarlo es que, casi ya, no debas ni pensarlo. Entender la época de la hipertransparencia te ayuda también a tomar mejores decisiones.

La incidencia pública tampoco es la responsabilidad social corporativa (RSC). Aunque hay buenas prácticas que podrían ser destacadas, durante mucho tiempo, muchas compañías dedicaron importantes cantidades de recursos a desarrollar acciones con impacto social desde sus departamentos de comunicación, sostenibilidad o mediante departamentos propios de la materia, mientras las decisiones de negocio de la compañía o el objeto estructural de su funcionamiento era totalmente contradictorio. Por ejemplo, una gran compañía cuya actividad principal contaminaba mucha agua, dedicaba unos cuantos millones de euros a potabilizar agua en otras partes del mundo «para compensar» o neutralizar la imagen que se tenía de ella. Probablemente, esa acción estaba dirigida, básicamente, a blanquear la naturaleza de su actividad. Durante mucho tiempo sirvió. Se agradeció dedicar tantos recursos a neutralizar otras cosas. Qué buena gente. Incluso algunos se olvidaron de las otras. Hoy no sirve de nada. Se acabó. Son recursos mal utilizados. No genera confianza, no proyecta credibilidad. Y, desde luego, no son consecuencia de una acción responsable. La responsabilidad hoy en las empresas se ejerce, y se percibe cuando se ejerce, a través de los consejos de administración o de dirección, entre aquellos que consideran que el mejor negocio es aquel que es más sostenible en el tiempo y que es posible alinear el interés propio con el interés general.

Hay un chiste del «sector» que dice que antes la gente que emprendía montaba un bar, luego fundaba una agencia de comunicación y hoy crea una consultora de asuntos públicos, primero, o incidencia pública, después. Porque hay muchas más que hace unos años, sobre todo en la ciudad de Madrid (porque es donde se concentra cada vez más el poder). En este contexto queremos reivindicar las que son, en nuestra opinión, algunas prácticas que sirven para analizar si estamos ante actividades propias de un proceso de incidencia pública como el que proponemos o ante actividades de otra naturaleza.

En nuestra opinión, por ejemplo, contratar a un tercero con la vocación de que te gestione reuniones con un político o un periodista no es una buena idea. Es como tener un servicio de secretaría, pero a precio de oro. Pierdes dinero por el camino. Porque si tienes una historia que contar te escucharán sin necesidad de que te ayude un tercero. Sin embargo, contratar a un tercero para que te ayude a articular una causa legítima que puedas compartir con un político o un periodista, es una mejor idea. Tiene más valor. Que te escuchen las personas con poder depende, en gran medida, de si tienes la capacidad de contar algo atractivo aportando valor a la sociedad. Y que te ayuden a hacerlo es más barato.

Cada vez hay más gente que «tiene contactos». A las personas con poder cada vez las conoce más gente, porque el poder está más repartido, son más, porque el poder hoy es más difuso entre más personas, o porque tenemos más vías de comunicación con ellas. Dudamos mucho que hoy sea cierto que haya ocho grados de separación como máximo entre las personas. Lo hemos analizado en nuestros casos y nos salen mayoritariamente uno o dos, pero como máximo tres y a nivel internacional. Pero no tiene valor. El valor de la desintermediación de las relaciones en un mundo con redes también digitales es cada vez más relativo. Conocer a alguien no cuesta tanto esfuerzo si te lo propones y, sin embargo, lo cobran muy caro.

Sin embargo, siguen siendo pocos los profesionales con las habilidades, experiencia, sensibilidad o conocimientos con capacidad para convencer a esos «contactos». Confía en quien te ayude a empoderarte para acceder a los interlocutores que condicionan tu día a día, dándote las herramientas para llamar la atención de las causas legítimas que defiendes. Si tienes algo que aportar, que consideras tiene valor para la sociedad, creemos que no deberías gastarte mucho dinero en un servicio de secretaría exclusivo. En este aspecto, hay quien puede estar pensando que por eso hay tantos expolíticos trabajando en el sector privado. Pero nos gustaría desmentirlo y seguir provocando alguna reflexión al lector.

Las personas que han dedicado una parte de su vida a los demás a través de las instituciones merecen, en primer lugar, nuestro respeto. Cada día es más difícil tener la capacidad de gestionar un contexto de hiperexposición, incertidumbres, velocidad o gestión del riesgo, por no hablar de la agresividad de la conversación que sufren algunos políticos de otros políticos. Pero también merece reconocer, justamente porque es un entorno tan adverso, que cualquier persona que pasa por la política, por ejemplo, cinco o diez años, no tiene la misma experiencia, la misma visión, la misma capacidad estratégica, su primer día que el último día en el puesto. En el sector privado, no hay duda de que el valor profesional de una persona no es el mismo cuando entra a hacer un programa de prácticas en una empresa que cuando, diez años después, asume posiciones de dirección de proyectos. Entre otras cosas, porque en ese tiempo la persona ha madurado, además ha vivido experiencias, y algo habrá aprendido en el camino. Sin embargo, hay quien cuestiona el valor que un político pueda aportar cuando deja su actividad institucional más allá de los contactos que tiene. No es cierto.

Efectivamente, durante mucho tiempo, y sobre todo cuando el poder estaba menos repartido, menos fiscalizado, había que responder menos ante terceros y la ciudadanía tenía menos capacidad de organización social, muchas personas que se dedicaban a la actividad institucional vivían después de levantar el teléfono para que te atendieran rápido. Eso ha sido así. Además, como durante tanto tiempo hubo poca rotación, el que salía de la actividad institucional todavía diez años después se encontraba a sus amigos dentro. Pero eso cada vez es menos así. El porcentaje de diputados en el Congreso que están hoy, leas cuando leas este libro, comparado con el de hace tres legislaturas es ínfimo. Y, además, como había tan poca rotación, los pocos que abandonaban su actividad eran muy cotizados, todo el mundo los quería contratar. Hoy no es así, ni de lejos. Cada vez hay más «ex» y la rotación tan elevada hace que el que sale hoy de una institución, difícilmente conozca a quien entra mañana.

Conocemos a unos cuantos diputados que han estado sin encontrar trabajo durante un buen tiempo. Y no porque no fueran buenos profesionales, sino porque también hay muchas empresas que no quieren asumir el estigma de contratar a alguien que provenga de las instituciones: ya sea por el ruido que genera o porque haya quien piense que contratar a alguien vinculado en el pasado a un partido es una significación política. Han acabado encontrando trabajo, no sin dificultades, y algunos incluso sabiendo capitalizar su experiencia profesional.

El valor de un político para una empresa es la suma de experiencias que no se tienen fuera de las instituciones. Una legislatura para un parlamentario son varias tesis doctorales. Son varios años de carrera en una consultora. Una legislatura para un parlamentario, por ejemplo, de la Comisión de Exteriores en pleno contacto con políticos de todo el mundo, tiene mucho más valor que un máster de Relaciones Internacionales. Esos mismos cuatro años para el secretario de organización de un partido, responsable del personal, los recursos, y que el partido funcione, son mucho más intensos y llenos de experiencias que para el director de recursos humanos de una multinacional con base en España. Un responsable de organización conoce a mucha gente, casi (o sin casi) en cada pueblo de España, pero sus capacidades no tienen valor, especialmente, porque conozca a mucha gente con nombres y apellidos, sino porque, por ejemplo, han desarrollado la capacidad de saber interactuar casi con cualquier tipo de persona. Cinco años en política tienen, al menos (si no más) el mismo valor de desarrollo profesional que cinco años en el sector privado. Y proyectar la imagen crítica de que un político solo tiene valor por sus contactos es un diagnóstico síntoma del desconocimiento. Y de ser una joven democracia.

Las apreciaciones que compartimos no incluyen que en un proceso de incidencia pública no haya que organizar eventos, no haya que llamar por teléfono a alguien para acelerar la posibilidad de que te escuchen, o no haya que reunirse con un parlamentario para compartir un punto de vista y contribuir a la elaboración de una norma. Lo que recordamos es que la incidencia pública es un proceso: un camino, con un principio, un desarrollo y un final. Y que las acciones que forman parte del proceso pueden ser útiles, o no, en la medida en la que forman parte de un todo, pero que por sí mismas no sirven de nada. Y que hay otras acciones asociadas a la relación entre lo público y lo privado que, en el peor de los casos, están castigadas, y en el mejor de ellos, en el siglo XXI, no sirven de nada. A nosotros también nos puede gustar comer croquetas y saludar a amigos, conocidos y saludados.

Faltaría más. Es incluso divertido. Solo decimos que esas actividades por sí mismas tienen un valor relativo. Lo fundamental en el proceso de incidencia pública, en la capacidad de incidir a la sociedad y a las instituciones, de participar, de contribuir a definir el interés general, de transformar nuestro entorno aprovechando nuestras capacidades, no es conocer a la gente, no es tener muchos contactos, no es que te cojan el teléfono, no es que te reciban en una institución. Lo fundamental es tener algo que contar, saber cómo contarlo, saber a quién contárselo, entender las dinámicas de la democracia, del proceso de configuración de la opinión pública, la sensibilidad de la sociedad a la que se deben los políticos, a la que se dirigen los medios y que se organiza para defender sus causas. Y a partir de ahí empieza el proceso democrático, sus complejidades, contradicciones, dificultades... Y su grandeza.

Adicionalmente, otra reflexión complementaria en el contexto de clarificación del proceso de incidencia pública, nos llevaría a desarrollar qué entendemos por colaboración público-privada. A menudo, esta expresión se usa de forma vacía, como un lugar común, cuando, sin embargo, esconde una de las principales palancas para la transformación que necesitan las sociedades contemporáneas. Por ejemplo, desde nuestra perspectiva, la licitación de un servicio público por parte de un actor privado no es colaboración público-privada, es la contratación de un servicio de lo público a lo privado. Es un negocio. Y, dentro de la norma, es legítimo. Pero es otra cosa.

Para nosotros, la colaboración público-privada pasa por la generación de alianzas entre las administraciones y las empresas, compartiendo diagnósticos y proponiendo las soluciones que cada una de las partes pueda aportar. En el proceso de transición ecológica, por ejemplo, sin la implicación de las empresas y las decisiones de sus direcciones, no habrá progreso posible. Y, sin embargo, la administración tiene también un papel clave en la normativa que aprueba para que eso pueda ocurrir. En paralelo, y juntos, se deben generar espacios de colaboración público-privada para promover la transición. Y eso, evidentemente, no tiene nada que ver con contratar a alguien para prestar un servicio.

8

LAS FASES DE IMPLEMENTACIÓN DE LA INCIDENCIA PÚBLICA

«No entiendes realmente algo a menos que seas capaz de explicárselo a tu abuela».

ALBERT EINSTEIN (o eso dicen también)

Hemos compartido hasta ahora el contexto que justifica la existencia de una disciplina como la incidencia pública (el porqué: la vida en comunidad, la vida en democracia o el derecho de participación recogido en las constituciones de las democracias liberales) y hemos definido en qué consiste la incidencia pública (qué es y también qué no es). Ahora iniciamos la última parte de este libro, la guía de incidencia pública (propiamente dicha), en la que queremos proponer un (posible) camino para su implementación (el cómo). A continuación desarrollamos la que es, de hecho, la parte del libro que más puede ayudar al lector a mejorar su(s) capacidad(es) de incidir en el debate público. Y pasar de la teoría a la acción. Porque no existe propósito, ni progreso, sin proceso.

El mejor punto de partida para cualquier cosa que implique la interacción con la sociedad (las relaciones con los amigos o las instituciones, por ejemplo) es la honestidad (moral e intelectual): esta afirmación no es un precepto propio de este libro, porque podríamos encontrarlo incluso en manual de conducta humana. A la gente honesta no le suele ir mal la vida (o por lo menos, duerme mejor), por mucho que haya gente deshonesta a la que también le vaya bien. Con esa misma honestidad (intelectual) recomendable queremos señalar que no hay un solo camino, una sola forma, una sola manera, de hacer incidencia pública.

No estamos ante una disciplina como la física cuántica, la química nuclear o las matemáticas con derivadas. Estamos ante una disciplina protagonizada por humanos, por las sociedades o por las instituciones en el marco de las ciencias sociales y en un contexto cambiante (y cada vez más). Desde esta perspectiva, nuestro trabajo se asemeja más al de un buen psicólogo (con capacidad de adaptar las distintas teorías existentes a cada uno de sus casos) o al de un sastre de alta costura (por mucho que cada vez usen también la tecnología para mejorar su trabajo) que a una fábrica de tornillos con un proceso tasado y uniforme. En la alta costura no hay dos piezas exactamente iguales (aunque sea imperceptible a ojos de los demás) y en el nuestro tampoco.

Por tanto, el camino propuesto podría alterarse en función de elementos intangibles (contextuales o de oportunidad social o política) que requieren siempre de equipos muy especializados, con una elevada sensibilidad y capacidad para adaptarse a las circunstancias. Que, en definitiva, entiendan bien el mundo en el que viven. Y el siglo XXI, que es (muy) complejo de entender. La plasticidad, y tener la capacidad para ser flexible, es una de las mejores recomendaciones a introducir en cualquier guía de estas características. Porque, en el fondo, estamos ante una guía que interpela al poder y a la sociedad que representa. Y, si solo hubiera una forma de participar o acceder a él, la competición entre distintos partidos no existiría y la cooperación entre las instituciones y el conjunto de la sociedad sería mucho más fácil de desarrollar. Proponemos un posible camino, una hoja de ruta, unas posibles fases o un horizonte a construir que consideramos efectivo, útil y que nos marca la pauta cuando las empresas y las organizaciones quieren participar en el debate público.

DECIDIR

El proceso de la incidencia pública empieza siempre como consecuencia de una decisión de un actor social o público (entendido no como una institución, sino como aquello que compartimos el conjunto de la sociedad llamado debate público o esfera pública). Esta decisión puede tomarla una empresa (la tuya u otra), una organización (empresarial o política), una institución (un gobierno o un parlamento), un medio de comunicación (o un *in-*

fluencer en redes) o un ciudadano anónimo. Alguien toma una decisión (por ejemplo, una norma, un plan estratégico o una declaración pública son consecuencia de una decisión), que te afecta tanto a ti (y por eso estás a punto de iniciar el proceso de incidencia) y a los demás (y por eso es pública). Y que pretende dar solución a un problema (económico, social o político). El proceso de la incidencia pública empieza siempre con una decisión de un actor social o público que propone solucionar un problema y/o que te genera un problema.

Esa decisión puedes tomarla tú (anticipándote a algo) o pueden tomarla por ti (viéndote obligado a reaccionar y tomar nuevas decisiones). El proceso de incidencia pública empieza con una decisión que tiene impacto en la sociedad. Por ejemplo, cambiar el modelo de negocio de tu compañía y pasar de obtener dividendos sobre todo con el petróleo a hacerlo sobre todo con el hidrógeno verde es una decisión que tiene impacto para ti, pero también para terceros, porque soluciona un problema: para la sociedad y también para tu empresa (porque probablemente si lo estás haciendo ya es porque visualizas en el largo plazo que es lo más rentable). No será lo mismo que tomes esa decisión porque has leído el contexto y has decidido hacerlo tú proactivamente que acabes tomando esa decisión porque una norma, por ejemplo, te ha obligado a hacerlo.

Tu capacidad de construir, condicionar y desarrollar el impacto de tu decisión no es la misma cuando es consecuencia de haberte anticipado, que cuando es consecuencia de haber reaccionado. Si reaccionas, quizá, lo haces porque te han generado un problema. La anticipación te sitúa en una posición de ventaja como actor social en la línea del tiempo y eso ya condiciona tu capacidad de incidencia en el resto del proceso. Porque te sitúas, desde el principio, como un actor social que no forma parte del problema, sino de la solución. Pensar tanto en el corto plazo, y no hacerlo también en el medio y largo, puede ser consecuencia de los incentivos internos de una organización. Pero conviene interiorizar que las organizaciones que piensan también en el medio y el largo están siempre mejor posicionadas para poder incidir. Conviene interiorizar que si tú no tomas decisiones para solucionar problemas que afectan a los demás, acabarán tomándolas por ti. Y que si no estás en la mesa, estás en el menú.

La realidad es que la mayoría de las veces el proceso empieza con decisiones (normalmente de las instituciones) que pretenden solucionar problemas y que obligan a alguien (normalmente empresas u organizaciones sociales) a reaccionar (porque les han generado un problema). Caso real: el ayuntamiento de una gran ciudad española no ve con buenos ojos la apertura de una delegación de un gran museo de prestigio internacional en un espacio de uso cultural y en unas semanas quiere concretar su posición públicamente. El ayuntamiento señala que el principal problema de la cultura en su ciudad no es que se necesite más oferta, sino consolidar la existente. Y desde esa perspectiva, rechazan el proyecto. ¿Qué hacer si eres uno de esos inversores que propone la instalación de ese nuevo museo al que se van a oponer? Poner una bomba en el Liceo por fastidiar y porque no te gusta la decisión parecería más propio del siglo xix que del xxi.

CONTRASTAR

Contrastar equivale a preguntarte: ¿por qué pasa lo que está pasando? ¿Por qué puede pasar lo que puede pasar? ¿Por qué han decidido lo que han decidido? ¿Por qué pretenden solucionar así un problema y tú no eres considerado parte de la solución? ¿Por qué has podido generar un problema a alguien provocando que acabe tomando una decisión? La tentación en muchas ocasiones por parte de muchos es culpabilizar al que está tomando la decisión (sobre todo cuando es político): «es un ignorante», «no se entera», «va a por mí» o «es un dogmático» suele formar parte de muchos diagnósticos de aquellos actores a los que las decisiones de las instituciones, queriendo poner solución a un problema, les genera un problema y no tienen capacidad de imaginar nuevas soluciones. Independientemente de si es cierto o no, conviene preguntarse «por qué es un ignorante» (si lo es), «por qué no se entera», «por qué va a por mí» o «por qué es un dogmático» y qué capacidad hay de, teniendo esa respuesta, poder construir una solución distinta conjuntamente.

Algunos de los inversores de ese museo internacional pensaron, inicialmente, que la negativa del ayuntamiento respondía a su condición de inversor internacional (de más allá de los montes Urales) y los posibles prejuicios de la institución respecto al planteamiento por su nacionalidad. Esa hipótesis, intentando entender qué motivaba la decisión, fue un buen punto de partida para poder contrastar con otros actores (incluso con el propio ayuntamiento) qué motivaba la decisión y poder proponer posibles soluciones.

INVESTIGAR

Seguiremos el camino del museo. Pero hay muchos otros ejemplos posibles de decisiones que intentan solucionar problemas y de hipótesis a contrastar para entender a qué responden esas decisiones. Por ejemplo, hace un tiempo, el Gobierno de España quiso impulsar un fondo financiado con nuevos impuestos a las energías fósiles para compensar la factura de la luz y favorecer el consumo de energía eléctrica (se supone que con un peso mayor de energía renovable). Se encargó contrastar las distintas opciones que estaban motivando esa decisión, y se llegó a la conclusión inicial que (1) el Gobierno consideraba que la electrificación de la economía podía acelerar el proceso de transición ecológica (algo que el sector que iba a ser regulado rechazaba), pero que (sobre todo) quería (2) buscar mecanismos para abaratar la factura eléctrica en un contexto donde la pobreza energética formaba parte de la agenda.

Para llegar a esta conclusión hubiera bastado con leer a fondo los programas electorales (donde estaban explicadas las motivaciones). En muchas ocasiones basta con investigar a partir de fuentes públicas: el histórico de su huella digital o intervenciones públicas de quien toma la decisión, las intervenciones parlamentarias o los planes de trabajo publicados. En otras ocasiones es necesario desarrollar encuestas o estudios de percepción cualitativos o cuantitativos (para visualizar si las motivaciones están condicionadas también por percepciones sociales o para visualizar si las percepciones sociales responden a una realidad sobre la que queremos incidir), pero también las entrevistas personales con los decisores directos, sus entornos, los periodistas que siguen los temas que te afectan, la lectura de determinados análisis y analistas, pueden contribuir a disponer de informaciones concluyentes sobre el origen de las motivaciones de una decisión.

Para poder contrastar las motivaciones es necesario investigar e investigar consiste en recopilar información. La investigación del caso de la ciudad que rechazaba la llegada de un museo internacional a la ciudad, por ejemplo, se hizo (principalmente) a través de entrevistas personales con los decisores como lo hubiera hecho, por ejemplo, un periodista. Cuando preguntas a la persona indicada sueles obtener una respuesta lógica.

ANALIZAR

La recopilación de información es fundamental. Pero la mera agregación de datos, convertidos en información, no tiene suficiente valor en sí misma para desarrollar un plan de incidencia pública. La información debe ser contrastada, ponderada, contextualizada, para convertirla en inteligencia. Para ello, es fundamental esta fase del proceso: analizar. El análisis de la información recopilada. ¿Qué hacer con esta información? ¿A qué se debe esta información? ¿En qué medida esta información contribuye al desarrollo de las fases posteriores?

Por ejemplo, en el caso de la creación de un fondo con nuevos impuestos por parte del gobierno antes señalado, aparentemente solo la motivación de una agenda marcada por la pobreza energética determinaba la decisión. Sin una capacidad de análisis más profunda, la información hubiera resultado insuficiente para entender la motivación de la decisión. Entender la lógica y el contexto en la que opera la política, en su tarea de entender e interpretar la sociedad, es fundamental en este proceso para tener la capacidad de convertir la inteligencia en el conocimiento necesario para tomar nuevas decisiones. Por eso la tipología de profesionales aptos para el desarrollo de este proceso debe responder a unas características muy determinadas.

En la decisión de creación del nuevo fondo subyacía también la necesidad de intentar evidenciar que el gobierno hacía algo contra un sector tradicionalmente con poca reputación y ganar nuevos adeptos. Una constante de la legislatura no explicitada. Y esta situación tiene elementos que escapan de la racionalidad pura y que entroncan con las lógicas de oportunidad política que operan en la sociedad. Tener las gafas que permiten entender el funcionamiento del poder te permiten analizar mejor la realidad. Un analista político bueno no es aquel que tiene buenas fuentes y se entera de las cosas. Esa capacidad es un atributo positivo para coronar a un buen periodista con capacidad de publicar buena información. Un (buen) analista político es aquel con la capacidad de interpretar por qué se toman determinadas decisiones, a qué motivaciones responde y que tiene la capacidad, incluso leyendo solo la prensa o escuchando la radio (fuentes públicas) de poder determinar cuáles son los próximos pasos dentro de una estrategia. Conocer a los políticos tiene más valor para ayudarte a entender cómo piensan que para acceder a ellos.

ENTENDER

La capacidad de analizar es el paso previo que permite entender la posición del que tiene una visión de las cosas distinta a la tuya. Sino, la interpretación de la realidad se queda en un simplista juego amigo-enemigo en el que las motivaciones y decisiones del otro responden exclusivamente a juicios de valor. Pero incluso cuando las motivaciones y decisiones de los demás, que te afectan, dependen exclusivamente de juicios de valor es imprescindible entender que esa puede ser la principal motivación. Y tener las herramientas para poder superar una fase en la que, de mantenerse esa posición, el problema lo tienes tú, y no a quien consideras que tiene el juicio nublado. Entender debe ser interpretado también como la capacidad de empatizar con la posición del otro y tomar decisiones en consecuencia, sin dejar de tener claro cuál es tu objetivo y sin dejar de tener claro cuál es tu capacidad de encontrar nuevas soluciones distintas.

Por ejemplo, si el gobierno considera que priorizando la creación de un nuevo fondo con nuevos impuestos está dando respuesta a las exigencias de la sociedad que representa, a sus compromisos, o que haciéndolo desarrolla una promesa de valor no explicitada en la misma norma, sino que responde a una expresión ideológica determinada (oponerse a la acumulación de poder de un determinado tipo de compañía), deberías tener la capacidad de proponer una alternativa que satisfaga esas motivaciones proponiendo un camino distinto. Y así se hizo. Por ejemplo, si el ayuntamiento de una ciudad considera que tu proyecto museístico no es prioritario porque se aspira a consolidar la oferta cultura preexistente, debes encontrar soluciones alternativas que satisfagan tus necesidades a la vez que las de los quienes tienen la capacidad de imponer sus soluciones. Y así se hizo.

CONSTRUIR

Para construir una solución conviene hacerlo asumiendo que no se puede construir nada jugando al todo o nada. Porque el proceso puede ser destructivo. La construcción, desde esta perspectiva, debe ser entendida no solo como una fase de un proceso, sino como un propósito con el que relacionarse con la sociedad. Construir implica diseñar soluciones que asuman que la segunda mejor opción es peor que la primera mejor opción, pero que la segunda mejor opción es peor que la tercera mejor (y peor) acción. Por ejemplo, el grupo de inversores culturales que querían impulsar su proyecto museístico, (re)impulsaron su proyecto ligando su desarrollo al de otras iniciativas culturales pre(existentes): básicamente, proponiendo ofrecer a sus futuros clientes la posibilidad de acceder a otros establecimientos culturales como parte de la entrada a su museo, financiando y fomentando con ello revitalizar otros proyectos culturales. *A priori*, el incentivo de hacer ese esfuerzo comercial, e incluso financiero, podría no tener sentido. Pero menos sentido hubiera tenido para esos inversores que, por negarse a ello, su iniciativa no hubiera salido adelante.

En la etapa de construcción es el momento también de valorar los riesgos y las oportunidades de aquello que queremos plantear: qué nos puede salir bien o qué logramos frente a qué nos puede salir mal o qué perdemos. Desde esta perspectiva es desde la que en muchas ocasiones se suele valorar que es mejor un mal acuerdo a la ausencia de un acuerdo. Casi una actitud ante la vida. Y también es el momento de concretar nuestro planteamiento definiendo el propósito de lo que proponemos, ligando las necesidades particulares con las preocupaciones colectivas, planteando al debate público la pregunta correcta (en Estados Unidos los partidarios de la interrupción voluntaria del embarazo son conocidos como Pro-Choice y no Pro-Death o Anti-Life porque plantearon bien la pregunta) y, finalmente, la perspectiva narrativa y persuasiva (concretada incluso en, literalmente un folio) e incorporando los mensajes clave y las posibles preguntas-respuestas que puedan surgir ante tu planteamiento.

Los inversores del museo decidieron no verse condicionados por lo que, en su opinión, era un juicio nublado de los decisores que se oponían a su iniciativa, sino entenderlo y construir, a partir de esa comprensión de las motivaciones, un planteamiento asumiendo sus preocupaciones, ligando su iniciativa como proveedora de las soluciones que los otros necesitaban y ganando por el camino nuevas posibilidades para poder lograr y triunfar con su proyecto: yendo a su museo podrías acceder también a otros, la iniciativa atraía a nuevos públicos que podría incorporar a nuevos visitantes también a los demás y el argumento principal por el cual el gobierno de la ciudad se oponía a la iniciativa se neutralizaba.

PRODUCIR

Pero la incidencia pública no es solo narrativa. No es bla-bla-bla. Se ha señalado anteriormente que el conocimiento es un factor fundamental para su definición y desarrollo. La producción de conocimiento es la base para ganar legitimidad en aquello que propones, y la base sobre la que construir soluciones más sólidas (y contrastadas) en el tiempo.

Por ejemplo, los afectados por el nuevo fondo energético gubernamental, optaron por contribuir al debate público con conocimiento, entendiendo cuál era la principal preocupación declarada del gobierno (encontrar un mecanismo para abaratar la factura eléctrica), pero evidenciando a través de datos obtenidos exclusivamente por fuentes públicas que el principal efecto de implantación de ese fondo sería aumentar la factura energética (no solo la eléctrica), especialmente de los consumidores más vulnerables y de la España rural.

Primero, porque los consumidores más vulnerables son quienes tienen menos capacidad de electrificar su economía, y hacen un uso más intensivo de energías fósiles, y, segundo, porque en la España rural las posibilidades de calentar una casa con calefacción eléctrica, en vez de con recursos fósiles, son todavía muy reducidas. La novedad de la producción intelectual aportada por los afectados radicaba en que la totalidad del conocimiento generado se hacía a partir de datos obtenidos por fuentes oficiales, y no a través de una estimación proyectada por un informe de parte encargado a una consultora.

SOCIALIZAR

En el terreno habitual de los asuntos públicos, durante muchos años, en este punto del proceso lo habitual hubiera sido que con ese conocimiento se hubiera ido a una institución para mantener una reunión bilateral con el decisor de turno e intentar convencer de lo que se estaba presentando. Sin embargo, las sociedades democráticas contemporáneas cada vez tienen una característica más compartida: el poder está (más) repartido entre más actores (dentro y fuera de las instituciones), dura menos tiempo, está más fiscalizado (y las decisiones deben ser entendidas por el conjunto de la sociedad) y su ejercicio responde más a las demandas de las sociedades que representan.

Desde esta perspectiva, socializar una propuesta es buscar la licencia de la sociedad a tu propuesta, hacerla crecer, incorporar nuevas visiones, matices y ampliar su base de defensores, encontrando soluciones más estables, contribuyendo a la comprensión del ejercicio del poder y legitimando las decisiones que se toman finalmente. Socializar para convencer. Este es un elemento cada vez más interiorizado, por ejemplo, en el ámbito de la transición ecológica. Hoy la inversión en paneles solares fotovoltaicos no tiene un problema de falta de ambición empresarial y además es una prioridad para las instituciones. Uno de los principales factores que limita hoy el desarrollo de la transición ecológica en nuestro país se debe a la oposición social de los vecinos que conviven o viven cerca de los espacios donde se quieren instalar esos parques renovables. Su posicionamiento es determinante para la viabilidad de un proyecto. Porque en el proceso de toma de decisiones el estado de ánimo de la ciudadanía es cada vez (por suerte, aunque eso implique mayor complejidad en las soluciones) más determinante.

Desde esa perspectiva vale la pena interiorizar y reivindicar que cualquier proceso de incidencia pública debe estar basado en un enfoque *bottom-up*, de abajo hacia arriba, y no solo de arriba hacia abajo como se había planteado tradicionalmente. La bilateralidad en el proceso de incidencia tiene muchos límites, aunque exista la tentación de ser un atajo fácil porque (aparentemente) requiere menos tiempo y hay que dar menos explicaciones. De hecho, justamente por esto último es un atajo. Para mantener posiciones de forma estable que no dependan de la coyuntura política es imprescindible implicar al conjunto de la sociedad. Porque ganas legitimidad. Porque implicas en las soluciones a quienes condicionan la percepción de las soluciones.

En el proceso de socialización es fundamental desarrollar lo que denominamos mapas de empatía e identificar al conjunto de actores de la sociedad que determinan en el siglo XXI las posiciones de las instituciones: las asociaciones vecinales, los sindicatos, los empresarios organizados de un sector u otro, el líder de opinión local... La sociedad civil, en definitiva. La ciudadanía organizada. Por eso, en muchas ocasiones impulsar plataformas ciudadanas o grupos conformados por distintos actores es un instrumento no solo útil para defender una causa, sino el camino más inteligente. No es el camino más rápido, porque aunar distintas percepciones siempre requiere de más esfuerzo, de más confianza o de más tiempo, pero suele ser siempre el camino más estable.

Por ejemplo, los datos obtenidos a través de fuentes públicas que señalaban las brechas que podría generar el nuevo fondo eléctrico fueron compartidos con organizaciones de consumidores, con asociaciones de agricultores, con plataformas de defensa de la España rural. Se socializó el problema. Un problema de país. Por ejemplo, la propuesta de una nueva visión de la cultura para una gran ciudad fue compartida con asociaciones de restauradores, asociaciones de vecinos, y otras organizaciones culturales. Se socializó la propuesta. Una propuesta de ciudad.

Muchos tienen interiorizado que los procesos de incidencia deben ser discretos y que, cuanto menos se sepa, mejor. Se equivocan. En un contexto de hipertransparencia, condicionado por las percepciones y estados de ánimo de la ciudadanía, es un camino que no suele llevar a ningún lado. Todo se sabe. Y si no se sabe es casi peor. Porque no se entiende. En el siglo XXI hay que hacer lo que se hace sabiendo y pudiendo explicar lo que se hace. Socializar las causas requiere más recursos, pero suele llevar siempre más lejos. Ya sea impulsando alianzas con grupos favorables a tus causas. Ya sea sensibilizando a aquellos que son contrarios a tu visión para que la entiendan mejor. Ya sea, en definitiva, impulsando coaliciones que, según las teorías de negociación, aumentan tu poder. Porque el poder que tienes está sobre todo condicionado por la percepción que tienen los demás del poder que tienes. Si implicas a más actores en tu causa, ganas poder. Si sumas base social al poder que representas, ganas legitimidad. Puedes crear una plataforma, puedes apoyarte en la recogida de firmas o puedes liderar incluso una manifestación. Socializar implica ampliar la capacidad de incidencia sumando legitimidad en el proceso.

AMPLIFICAR

Los inicios del siglo XXI evidenciaron que la moraleja de la pareja infiel descubierta ya no tiene marcha atrás: «si quieres que algo no se sepa no lo hagas». El desarrollo tecnológico permite una trazabilidad de todos nuestros movimientos dejando poco margen para las vidas paralelas. Nos dirigimos hacia modelos de vida o más honestos, o más controlados, o que generen más escándalos. Probablemente, antes de que empiece el siglo XXII, la tecnología e inteligencia artificial evolucionará la moraleja costumbrista hacia el «si quieres que algo no se sepa, no lo pienses». Porque quizá todo se podrá intuir incluso antes de que ocurra. Estos dos aprendizajes, de presente y de futuro, están intrínsecamente ligados a la influencia que la opinión pública y publicada, los estados de ánimo articulados a través de los medios de comunicación o el uso de redes sociales, y a cómo condicionan el proceso de toma de decisiones. Asumirlo, y practicarlo, es el mejor punto de partida para tener una posición inicial favorable para defender cualquier causa.

Los *mass media*, y todos quienes condicionan su escaleta y prioridades, son actores determinantes para condicionar las percepciones de la ciudadanía y el proceso de toma de decisiones. Por eso, si quieres que algo no se sepa, no lo hagas. Pero, precisamente por eso, haz lo que haces sabiendo que se puede saber o, incluso, que debe saberse. Los espacios para la discreción son cada vez más reducidos y en su relación con el proceso de incidencia pública conviene entenderlo para llegar más lejos. Todo se sabe. Conviene saberlo. Y conviene que seas tú quien haga que se sepa. De nada sirve disponer de conocimiento que evidencia las brechas de una posible legislación si no lo conoce el conjunto de la opinión pública.

Cuando el director de un periódico define los temas que lleva a su portada, le precede el trabajo de su redacción, que investiga temas, participa en ruedas de prensa a las que han sido convocados, leen lo que pasa en las redes sociales (condicionadas tanto por procesos orgánicos espontáneos como por usuarios en masa teledirigidos), o reciben llamadas de las instituciones para compartir un punto de vista con mejores o peores formas. Lo mismo pasa cuando la directora de un programa de radio decide con qué tema abre su tertulia. A la redacción de cualquier medio de comunicación llegan infinidad de posibles temas con los que llenar sus horas de programación. Y es lo que pasa también en las redes sociales, cuando centenares de millones de personas intentan llamar la atención (de otros ciudadanos, con más o menos relevancia social, pero todavía hoy, sobre todo, de los medios de comunicación) sobre cualquier cuestión, ya sea compartiendo cómo una compañía no atiende su reclamación, una historia personal derivada de una mala praxis médica o el precio abultado de su factura de la luz.

En la esfera pública no existe una lista oficial de problemas. No hay una lista oficial de noticias. Las cuestiones que nos afectan se problematizan para llamar la atención. Y se convierten en noticia. Los problemas se convierten en productos noticiables para llamar la atención de los demás como consecuencia de una visión específica, en un momento determinado y condicionado por una visión o interés particular. De la capacidad de conectarlo con el interés general o de llamar la atención sobre sus implicaciones para el conjunto de la sociedad depende la prioridad mediática (y política) de esos problemas. Más aún cuando las instituciones están cada vez más condicionadas por los estados de ánimo de las sociedades a las que representan articulados a través de las redes y los medios. Y, más aún, cuando las instituciones cada vez tienen menos capacidad de influir directamente en ellos. Porque, en gran medida, el proceso de influencia se ha invertido.

El conocimiento ha sido tradicionalmente un espacio reservado para unos pocos y producido desde unos pocos sitios: los propios gobiernos o las instituciones académicas. Sin embargo, las organizaciones sociales y las empresas cada vez destinan más recursos a la producción de contenido de calidad que conecta con el objeto de su actividad. Es un buen síntoma de cómo se entienden cada vez más los procesos de incidencia. Por ejemplo, los grandes bancos tienen departamentos de estudios u observatorios que compiten con las grandes universidades. Las organizaciones no gubernamentales producen infinidad de informes y estudios con la solvencia suficiente como para construir buenas políticas públicas. El problema con el que suelen encontrarse ambos no tiene tanto que ver con la calidad de sus aportaciones, cada vez más contrastadas, sino con su capacidad de formar parte de la lista oficial de problemas. El sector privado es también un generador de conocimiento.

Amplificar ese conocimiento, y usar ese conocimiento para estar en la deseada lista de los problemas objeto de conversación, es fundamental para la incidencia pública. Por ejemplo, en los últimos años, y en medio de la crisis energética derivada de la guerra en Ucrania, el desconocimiento generalizado sobre el sector y la complejidad de su funcionamiento, llevó a una de las principales compañías energéticas a convertirse en un generador de conocimiento clave en el ecosistema de los líderes de opinión de España descifrando las claves del contexto geopolítico de nuestro país en el proceso de transición ecológica, cómo es el proceso que determina el coste de la energía o cómo en los distintos países de nuestro entorno se estaban implementando los impuestos extraordinarios en este ámbito. Generando conocimiento a través de unos *policy-briefs* ejecutivos compartidos periódicamente con analistas políticos o tertulianos de España dieron respuesta a una necesidad de entender mejor qué estaba pasando, contribuyó a un mejor debate público con información más precisa, ganó legitimidad en el proceso como actor implicado en los asuntos públicos y construyó las bases para que su visión particular conectara con el interés general.

La posición y capacidad de compartir conocimiento en el debate público, durante mucho tiempo ha estado principalmente reservada a los partidos políticos (asumiendo que, en la mayoría de ocasiones, más que compartir conocimiento, compartían sus argumentarios) llevando a que la conversación social en muchas ocasiones estuviera condicionada, como está, por la lógica partidista. La entrada en escena de otros actores dispuestos a participar en la definición del interés general, con la vocación de compartir el conocimiento al que pueden acceder derivado del objeto de su actividad, no solo revela cómo han entendido las lógicas de los procesos de configuración de los estados de ánimo de la sociedad, o la obviedad que representa que un debate público solo protagonizado por la lógica partidista aleja del desarrollo de buenas políticas públicas, sino que muestra cuán interiorizada se empieza a tener la necesidad de amplificar aquello de lo que se dispone en un proceso de incidencia.

La amplificación de los problemas a partir del conocimiento es una buena palanca para la transformación. Pero no basta solo con ello. Porque cada vez cuesta más llamar la atención sobre cualquier tema. Pasan muchas cosas. Y muy rápido. Cambian los temas. Y llamas la atención solo cinco minutos sobre algo (y algunos digitales se hacen eco de ello en la esquina inferior de su portada durante unos minutos). Por ello cada vez es más relevante tener la capacidad de amplificar a partir de la creatividad. Si el conocimiento jurídico es fundamental para entender o proponer nueva legislación, el don de la oportunidad política contribuye al éxito o fracaso de una iniciativa que quieras plantear o la solidez de tus aportaciones condiciona la legitimidad de lo que cuentas, la creatividad que tradicionalmente se había requerido en las campañas de publicidad, es determinante para poder amplificar tus causas también en el ámbito de la incidencia pública.

En el inicio del curso escolar de 2023, una de las principales organizaciones no gubernamentales de protección del colectivo gitano aspiraba a llamar la atención de la sociedad sobre los problemas que representaba. Es un día complicado. Porque el inicio del curso escolar es también el inicio del curso político. Ese día pasan muchas cosas y compartiendo los resultados de un estudio con una nota de prensa, probablemente, pasaría inadvertido. A partir de ese diagnóstico, y sabiendo que la lista oficial de problemas no existe, cuesta estar en ella, y solo desde la combinación de visión política, solidez académica o capacidad creativa, es posible hoy tener capacidad de incidencia, se decidió que la publicación del último estudio de la organización no se enviaría como nota de prensa, o no se convocaría a los medios a la sede de la organización en el centro de la ciudad, sino que se les invitaría a participar en una clase formada principalmente por niños gitanos e inmigrantes para vivir en primera persona la realidad sobre la que se les iba a sensibilizar. La iniciativa fue destacada en los principales medios de comunicación del país, especialmente en televisión, y tuvo un impacto en redes muy por encima de anteriores campañas. La acción en el proceso de incidencia fue un éxito por la combinación de visión política, solidez académica y capacidad creativa, contribuyendo a su proceso de incidencia pública.

Lo mismo ocurrió en el inicio escolar del año anterior, cuando una de las principales organizaciones sociales del ámbito de la infancia en España, quería llamar la atención sobre la malnutrición infantil y cómo el comedor escolar universal podía ser una solución (muy barata en términos macropresupuestarios) no solo en términos de salud, sino social y económicamente. El coste de la campaña fue de 500 euros, el precio del cartón-pluma instalado en pleno centro de Madrid, en forma de bandeja de comedor, y donde se visualizaban los datos de uno de sus últimos informes, que captó la atención de los ciudadanos que se hicieron fotos y las subieron espontáneamente a sus redes sociales, de los medios de comunicación convocados y que abrieron sus informativos con este tema en las horas siguientes o la de los políticos que vieron a través de las redes y los medios el revuelo causado.

PARTICIPAR

Pongámonos en situación. Año 1980. O 1990. O 2000. Algunos incluso señalarían que hoy. Un señor trajeado con un teléfono bien grande habla con alguien. El señor es un empresario. Y al otro lado del teléfono hay un político. «Oye, esto hay que hacerlo así». Esa es la imagen que muchos ciudadanos tienen interiorizada sobre cómo es la relación entre la empresa y la política. Ha sido así. Puede que aún siga siendo en algunos casos así. Pero, atendiendo a todas las consideraciones previas, ¿de qué, para qué sirve y durante cuánto tiempo?

La participación de la sociedad, las organizaciones civiles o empresariales, en el desarrollo de las políticas públicas es un derecho constitucional. Todos tenemos derecho a participar en la elaboración de la legislación que nos afecta. Es un precepto básico de cualquier democracia liberal. Nuestra propia Constitución establece también los procesos de audiencia pública, periodos en los que se reciben aportaciones y se escuchan las peticiones en el desarrollo de elaboración de las normas, para fomentar la participación de la sociedad. Desde esta perspectiva, la interacción con las instituciones es fundamental en el proceso de incidencia pública. Pero para lograr éxitos en esa aproximación, y no hay mayor éxito que la estabilidad de los logros, y gracias a la legitimidad social de las causas que defiendes, conviene entender en qué momento, circunstancias y con qué lógica: hay que participar después de amplificar, socializar, producir, construir, entender, analizar, investigar y/o decidir.

Porque no es lo mismo una interacción entre un actor privado y una institución pública basada en el *je-ne-sais-quoi* que una interacción entre las partes después de que tu problema esté en la agenda, la sociedad apoye tu causa, hayas compartido las evidencias de tu planteamiento y hayas llegado a esta fase como consecuencia de haber entendido qué pasa y por qué pasa lo que pasa a tu alrededor, la visión de quienes no comparten la tuya, o hayas llegado tras haber recopilado la suficiente información como para basar esa interacción en el intercambio de conocimiento. Porque como consecuencia de haber seguido un proceso, tendrás la capacidad de lograr un mayor éxito en tus objetivos. Porque en el siglo XXI la ciudadanía es un actor fundamental. Porque en el siglo XXI las sociedades otorgan la licencia para operar en ellas. Porque en el siglo XXI el poder está en pleno proceso de transformación. Y entenderlo te permitirá, o no, formar parte de él.

La participación de la sociedad, sus empresas, las organizaciones ciudadanas, en el proceso de elaboración de las políticas públicas es fundamental para la estabilidad de la democracia o para el progreso de la economía y, además, da sentido a la visión liberal de la política que comparten los países más desarrollados del mundo. Y la participación se puede articular a través de los procesos de audiencia pública, en las reuniones solicitadas a los legisladores que deben escuchar las distintas visiones que conviven en la sociedad, en las contribuciones y propuestas en los procesos de enmiendas en la elaboración de una norma o en las comparecencias parlamentarias en una comisión legislativa del Parlamento.

La interacción con las instituciones es fundamental porque tienen el mandato de aprobar y definir las políticas públicas. Y porque tienes el derecho constitucional de participar en el proceso. Pero sin una metodología previa, sin entender el funcionamiento de la democracia, sin asumir la complejidad de las sociedades contemporáneas, sin interiorizar el funcionamiento del poder (más transparente, más repartido y que dura menos tiempo) en este nuevo siglo y creyendo que la escena inicial de un señor pidiendo *je-ne-sais-quoi* puede tener un valor estable en sí mismo, probablemente tu capacidad de impulsar cualquier transformación para las próximas décadas tenga limitaciones que, antes o después, se volverán en tu contra.

EVALUAR

Porque no existe propósito, ni progreso, sin proceso. La evaluación es una fase fundamental en el proceso de implementación de la incidencia pública porque nos permite, sobre todo, acumular conocimiento para cuando volvamos a iniciar el proceso. Asimismo, nos permite compartir con la organización los logros alcanzados. Inicialmente, conviene recordar cuáles eran los objetivos, evaluar qué se ha logrado por el camino, qué se ha perdido por el camino, qué se podría haber ganado, pero también que se podría haber perdido. Hasta aquí un análisis racional del proceso de implementación.

Anteriormente, señalamos que para nosotros la incidencia pública es un proceso de participación y una práctica de empoderamiento de las organizaciones empresariales, institucionales o sociales, dirigido a aumentar sus derechos o capacidades, implicando a quienes tienen el poder y a la sociedad que lo legitima, la licencia social, convenciéndoles a través de la generación o el intercambio de conocimiento, la articulación de alianzas o la movilización social, de que su visión, causa o interés, impacta positivamente en el interés general, genera palancas para la transformación y que constituye una de las bases del funcionamiento de las democracias. Estamos ante un proceso que desarrolla un derecho fundamental, el de participación, y ante una práctica que contribuye a la articulación de las demandas sociales, un precepto básico de la democracia, que, además, tiene la capacidad de alinear un beneficio positivo para la organización y, a su vez, para el entorno. Y que a través de la incidencia pública podemos apoyar causas para defender las necesidades, visiones y circunstancias de un grupo que se organiza, reivindica su papel en el proceso de toma de decisiones y lo defiende legítimamente.

Desde esta perspectiva, sugerimos añadir, al menos, dos elementos adicionales de evaluación: por un lado, analizando la legitimidad consolidada y acumulada en las distintas fases de implementación (en qué medida nos hemos empoderado, quién nos ha conocido, qué impactos hemos logrado, en qué medida esa legitimidad nos suma para otros procesos paralelos o posteriores, qué impacto ha tenido en nuestra comunidad, cómo nos perciben internamente nuestros empleados, nuestros accionistas, los políticos del país en el que operamos, los medios de comunicación...) y, por otro lado, qué capacidad de transformación de la sociedad hemos logrado, en qué hemos contribuido a mejorar nuestro entorno o qué hemos aportado a quienes nos rodean (qué consecuencias positivas para la sociedad tiene un aspecto legislativo que hemos logrado evolucionar, qué conocimiento hemos compartido con nuestras comunidades y con la sociedad en la que operamos o qué beneficio hemos logrado que, a la vez, tiene un impacto positivo en nuestro entorno).

Los parámetros de evaluación también se podrían dividir entre internos (para la organización o empresa en la que trabajamos) y externos (para la sociedad en la que se opera). Y, probablemente, desde nuestra perspectiva en gran medida el éxito de la implementación del proceso de incidencia pública se basaría en una armonía entre ambas. Asumiendo que las fronteras entre dentro-fuera o privado-público, cada vez son más difusas. Y que, justamente por ello, la armonía es también un síntoma de estabilidad en las consecuencias del proceso. Siendo siempre la estabilidad una condición necesaria, aunque no suficiente, para lograr escenarios de progreso económico y social, dentro y fuera, y entre lo privado y lo público.

9

LA NEGOCIACIÓN COMO RECURSO ESTRATÉGICO Y COMO ACTITUD ANTE LA VIDA

> «No negociemos nunca sin miedo,
> pero no tengamos nunca miedo a negociar».
>
> J. F. KENNEDY

Tras señalar las posibles y distintas fases de implementación de un plan de incidencia pública, desarrollamos, en primer lugar, cómo la negociación es un instrumento básico para la construcción de la legitimidad del poder que se quiera representar en cualquier democracia consolidada, y fundamental para el éxito del proceso de incidencia pública. Posteriormente repetimos el mismo ejercicio en el campo de la comunicación, que condiciona determinantemente el éxito no solo de cualquier plan de incidencia pública sino de nuestra propia existencia y razón de ser en las sociedades contemporáneas.

La negociación es consustancial a las democracias liberales porque las democracias liberales están diseñadas para canalizar el conflicto social y la negociación

es un instrumento de resolución de conflictos. La negociación es consustancial a las democracias liberales, siendo en los regímenes políticos autoritarios o totalitarios
donde no existe ni el acuerdo, ni la transacción, ni la
negociación, en el proceso de participación pública. Fundamentalmente, porque no existe el derecho de participación. Porque el sistema no está diseñado para canalizar el conflicto, sino para imponer una determinada
visión de los conflictos. La negociación es consustancial
a las democracias liberales porque el dilema básico de
la ciencia económica liberal es resolver la distribución
de unos recursos escasos ante unas necesidades huma-
nas limitadas de la forma (social) más eficiente y los distintos actores sociales (los partidos, los sindicatos o la
patronal) tienen el mandato constitucional de negociar
la definición y desarrollo de las bases de nuestro contrato social que, alternativamente, también podríamos
definirlo como el resultado de una negociación entre los
distintos actores que conforman la sociedad.

La democracia liberal es, por tanto, el sistema político propio de la negociación. Negociamos porque somos una democracia liberal y negociamos para alcanzar acuerdos sobre cómo compartir o dividir recursos
limitados. Negociamos para crear algo nuevo que ninguna de las partes de una negociación sería capaz de
lograr por sí sola. Negociamos para resolver un problema o disputa entre dos partes con distintas visiones
y valores. Negociamos como alternativa a la guerra.
Negociamos como alternativa a ignorarnos. Negocia-

mos para convivir. Negociamos como alternativa a que alguien decida por nosotros. Negociamos como alternativa a romper nuestras relaciones con actores con los que convivimos. O negociamos porque somos profesionales de la incidencia pública, porque somos demócratas y porque creemos que es una herramienta y una aptitud y actitud básica para nuestro trabajo y ante la vida. Negociamos porque en la configuración del interés general conviven la suma y contradicciones de distintos intereses. Negociamos porque para la estabilidad de las políticas públicas es fundamental no generar ni vencedores ni vencidos. Negociamos porque las mejores políticas públicas impulsadas desde las instituciones son consecuencia del acuerdo. Negociamos porque consideramos que defender lo colectivo debe incorporar la defensa de lo individual. Negociamos porque el poder no es perpetuo y está condicionado por el reconocimiento que te hacen los demás. Negociamos considerando que la confianza es el mejor catalizador del acuerdo. O negociamos porque la negociación es una fuente de poder y de legitimación del propio poder.

Uno de los principales axiomas de los que parte cualquier negociación es que el poder es relativo: no es estanco, no es fijo y, desde luego, no es perpetuo. Es la teoría incrementalista. El poder evoluciona. Y, desde esta perspectiva, se entiende más todavía por qué la negociación es una fuente de poder. En nuestra visión de la incidencia pública, entendida también como un proceso de empoderamiento de los actores que la ejercen, es determinante albergar poder para tener la capacidad de defender las causas que se defienden. Y, a través de esta visión, se deben señalar la existencia de (al menos) dos fuentes de poder a través de la negociación.

En primer lugar, expandiendo y mejorando las alternativas. El poder depende de la mejor alternativa que tenga uno fuera de la negociación en curso. Este concepto, resumido a través del acrónimo anglosajón BATNA (*Best Alternative to a Negotiation Agreement*) o en español MAAN (Mejor Alternativa a un Acuerdo Negociado) señala que se puede mejorar el poder atribuido a través de mejorar las alternativas de las que se dispone. Esto último es relevante, por ejemplo, cuando negociamos por un puesto de trabajo teniendo otro trabajo: negociamos mejor bajo la alternativa de quedarnos en el trabajo en el que estamos. Sin embargo, si estamos en situación de desempleo, nuestra capacidad de negociar se ve limitada. Tener un plan B te da poder fuera y dentro de una negociación.

En el proceso de incidencia pública, se debe tener la capacidad de generar nuevas alternativas, valorar nuevas alternativas o, lo más importante, dar a conocer que existen esas alternativas que permiten acumular poder durante una negociación. Por ejemplo, el museo internacional que quería instalarse en una ciudad española, mejoró su capacidad de negociación y el poder que acumulaba en la negociación, al visibilizar poder trasladarse a otra ciudad española. Porque los ciudadanos de la primera ciudad no veían con buenos ojos perder esa oportunidad. Otro ejemplo recurrente, pero con ciertas lagunas, es cuando una empresa señala en mitad de un proceso de negociación que si no se dan ciertos parámetros invertirá en otro país en vez de en el nuestro. El ejemplo tiene lagunas precisamente porque el poder está condicionado también por la credibilidad de tus afirmaciones. Y se acumulan ya demasiadas experiencias en las que se señala ese camino para no acabarse produciendo (casi) nunca. Las hipérboles no aportan mucho. Y las amenazas solo tienen efecto si tienes capacidad de cumplirlas. Si no, se convierten en un chiste.

Al hilo de este último ejemplo, y para visualizarlo con más claridad, podríamos añadir también que en la negociación las palabras son como la pasta de dientes: una vez la usas es difícil volverla a meter en el tubo. Si en una negociación verbalizas una línea roja, o señalas un escenario de difícil cumplimiento, quedarán dudas sobre si tus líneas rojas son ciertas o no. Y no tiene sentido cargarte tu propia credibilidad poniendo una línea roja muy alta, o señalando una posibilidad incierta, si un escenario por debajo de esas expectativas puede satisfacerte. En negociación, como en la vida, es mejor ser honesto. La vida da muchas vueltas, las negociaciones no son estancas, se repiten muchas y en muchas ocasiones, probablemente, con los mismos actores y puedes minar tu posición para las siguientes.

Este último punto podría servir de enlace con el siguiente capítulo, dedicado a la comunicación, y dedicarlo a desarrollar el concepto de reputación. Sin embargo, conviene recordar que la honestidad (en relación con uno mismo) o la credibilidad (en relación con los demás) no viene motivada, ni se sustenta en el tiempo, con la percepción que puedan tener los demás de ti, sino con el origen de las decisiones que tomas. La reputación señala un aspecto colateral o coyuntural (qué piensan de ti) frente al aspecto verdaderamente estructural (quién eres o qué haces como consecuencia de ser quien eres). Del mismo modo que hablar de responsabilidad social corporativa ha servido en muchas ocasiones de distracción para no cambiar decisiones de fondo en el objeto social de una organización, motivar el origen de las decisiones basándose en la reputación es también un atajo temporal. Si la reputación es consecuencia de la honestidad de tus decisiones, bienvenida sea. Si la reputación es consecuencia de tu preocupación por el qué dirán, en poco tiempo te quedarás sin ella.

En las negociaciones, ya sea entre dos actores privados o entre una institución pública y otra privada, la zona de posible acuerdo está delimitada siempre por las mejores alternativas de las que disponen cada una de las partes. Y no suele acordarse nada que esté por debajo de la mejor alternativa de cualquiera de las partes. Por eso, el análisis de inteligencia, señalado en el capítulo anterior, es tan relevante. Porque para enfrentarte a un proceso de negociación, a un proceso dirigido a alcanzar un acuerdo, debe conocerse bien cuál es la mejor alternativa para la otra parte de la negociación. Las primeras fases del proceso de incidencia pública están intrínsecamente relacionadas con la obtención de información y su procesamiento para obtener inteligencia, imprescindible para afrontar una negociación. Y de la capacidad de generar más y mejores alternativas, y de entender que escoger la segunda mejor opción suele ser siempre una buena opción, depende el éxito o no de un buen acuerdo.

Y, en segundo lugar, implicando a más de dos partes en una negociación y generando coaliciones. Generar alianzas es un proceso costoso, tanto en tiempo, como en recursos, pero impulsar una coalición suele ser un buen instrumento para aumentar el poder con el que enfrentar una negociación. Un actor individual, por sí solo, puede no ser relevante o determinante, pero la suma de unos cuantos actores bajo una misma coalición, tiene más poder que cuando no están organizados. Por ejemplo, una compañía energética o una asociación sectorial, pueden tener un peso relativo (y por su propia naturaleza, no convencer mucho a la sociedad de sus demandas) al reivindicar modificar el fondo de sostenibilidad del sistema eléctrico, pero si forman parte de la misma plataforma organizaciones de consumidores, asociaciones de la España rural y agricultores, el proceso de negociación se enfrenta desde otro punto de partida. Evidenciando, de nuevo, que el poder es relativo.

Una coalición es un pacto o unión entre personas, grupos o instituciones, que negocian conjuntamente para lograr un objetivo común o complementario, ya sea con carácter puntual o recurrente. Las coaliciones pueden ser organizaciones estables, o no. Pueden tener personalidad jurídica, o no. Pueden ser actores tradicionales, o no. En el ámbito de la negociación, las coaliciones se consideran actores estratégicos que, generalmente, son una fuente de acumulación de poder propio, de debilitamiento del de terceros, según el objetivo que tengan. Y son un instrumento muy útil para aumentar las capacidades de defensa de una determinada visión.

Sin embargo, el principal problema de las coaliciones es la dificultad que supone mantener la disciplina entre los propios miembros del grupo y la habitual aparición de *spoilers* difíciles de contener. La interacción entre diferentes actores y la configuración de nuevas alianzas implica siempre la participación de un elevado número de personas. A su vez, eso aumenta el riesgo en el proceso de incidencia. Por ello, es habitual que profesionales externos del ámbito de la incidencia pública estén implicados en este tipo de iniciativas, asumiendo la parte formal del proceso, y facilitando la comunicación y negociación entre las partes. Porque, aunque una coalición siempre implica más riesgos en una negociación, representar a una coalición te otorga mucho más poder.

En el día a día de las empresas o de los gobiernos, las negociaciones entre múltiples actores suelen ser las más habituales. Porque la mayoría de las problemáticas, tanto internas como externas, implican habitualmente a más de dos partes en la mesa de negociación, más aún en el siglo XXI, donde cualquier transformación necesita de la implicación de muchos actores: ni todas las compañías energéticas tienen las mismas prioridades, ni todas las asociaciones sectoriales ven las cosas igual, ni tan solo todas las patronales ven las cosas de la misma manera. En el otro lado de la mesa, ni todos los gobiernos ven las cosas bajo el mismo prisma, y ni siquiera dentro de un mismo gobierno (incluso aunque sea de un solo partido) todo el mundo piensa lo mismo: el Ministerio de Hacienda suele tener siempre un criterio distinto al de otros ministerios, como, por ejemplo, el de Cultura, cuando se trata, por ejemplo, de analizar una política fiscal que favorezca el mecenazgo o la inversión en este campo.

PIMEC, la patronal de las pequeñas y medianas empresas de Catalunya, no tiene la misma visión de algunos aspectos legislativos, por ejemplo, en el ámbito de la morosidad, que Foment del Treball, la patronal catalana de las grandes empresas que, a su vez, no comparte siempre la misma visión que la CEOE, la patronal de las grandes empresas españolas respecto, por ejemplo, a la legislación laboral, y donde, a su vez, sus distintos miembros tienen opiniones distintas sobre los temas que tratan en su día a día.

Estas condiciones, que son las habituales, determinan una gran diferencia respecto a las negociaciones solo entre dos partes: en las negociaciones entre múltiples actores, el surgimiento de coaliciones y nuevas plataformas (incluso al margen de las organizaciones establecidas y tradicionales) es natural e, incluso, prácticamente inevitable. Y quien tiene la capacidad de negociar con otros grupos, internos o externos, y alinearlos con su causa, gana porque suma poder a su causa. Esta última afirmación conecta además y también, por ejemplo, con la primera parte del libro en la que señalamos cómo quienes tienen la capacidad de alinear el interés de una empresa u organización con las necesidades de la sociedad (u otros colectivos organizados) tienen más capacidad para defender el interés general, porque tienen la capacidad de acumular más poder para que se asuma su visión del interés general.

La negociación es consustancial a las democracias liberales, porque las democracias liberales están diseñadas para canalizar el conflicto y la negociación es un instrumento de resolución de conflictos. Y la mediación es consustancial a las democracias liberales, porque las democracias liberales están diseñadas para canalizar el conflicto y la mediación es también un instrumento de resolución de conflictos. La mediación en los procesos de negociación es, en sí misma, otra fuente de poder.

La mediación, sobre la que también hay una amplia tradición profesional en el mundo anglosajón, es una forma de negociación asistida para la que se requiere el apoyo y asesoramiento de buenos profesionales de la incidencia pública. En España hay una cultura muy poco dada a este tipo de procesos, optando en la mayoría de los conflictos, o ante la ausencia de acuerdos, por acudir a los tribunales para dirimir las diferencias. Según Kressel (2007), las ventajas de la mediación destacan tanto porque los costes humanos y financieros son más bajos que los juicios, la violencia o la guerra (a menos que fracasen). Los procesos de mediación proponen un marco constructivo y cooperativo, se fomenta el contacto humano y el reconocimiento, puede permitir experiencias de empoderamiento para los implicados y compromiso a largo plazo con los acuerdos, permite mayor flexibilidad en la resolución de disputas, permite también identificar los «problemas de raíz», tiene mayores tasas de satisfacción e implica más compromiso y reparto equitativo de recursos. Un aspecto relevante si asumimos que el fundamento de la negociación en las democracias liberales tiene que ver, precisamente, con el reparto o la asignación de los recursos y la priorización de las políticas públicas.

La mediación como instrumento de resolución de conflictos es una fuente de poder, pero es también un instrumento garantista para enfrentarse con más posibilidades de éxito en el contexto de un proceso de incidencia pública. A la hora de enfrentarnos a cualquier proceso de negociación, la asistencia de un mediador contribuye a lograr un escenario de transacción ante un conflicto complejo. Nuestra visión del proceso negociador, basado en la cooperación, se caracteriza fundamentalmente porque el punto de partida es el ganar-ganar (en contraposición a las negociaciones en las que una parte gana claramente y la otra pierde también claramente), al entender que la interdependencia en las sociedades contemporáneas entre los distintos actores privados, las instituciones y el conjunto de la sociedad es (muy) elevada. Por ello, optamos por proponer una orientación cooperativa del conflicto, a partir de una consideración por la otra parte, entendiendo que los ciclos de información pueden ser abiertos, públicos o incluso transparentes, aplicando principios no solo propios de la racionalidad económica, sino también social, y alineando el interés particular al interés general. Para el éxito de este enfoque negociador, es fundamental construir relaciones a largo plazo, compartir información manteniendo a todos los participantes en la misma página de la negociación, reconociendo la legitimidad de la otra parte, asumiendo que la alternativa a la negociación puede pasar por apretar el «botón nuclear» y que después de eso, no hay nada, y poniendo el foco en la necesidad de satisfacer las necesidades de las partes, para lo que es fundamental identificarlas, y no enquistarse en posiciones irrealizables.

Las principales características de una negociación cooperativa como la que planteamos son: la orientación a largo plazo, el equilibrio de poder, la baja incertidumbre de la información y la necesidad de compartir necesidades comunes. La orientación a largo plazo es un elemento fundamental para este tipo de negociación y también cuando pensamos en lógica de estabilidad. Los cambios estructurales que transforman la sociedad y la economía necesitan una orientación más allá de la coyuntura. De poco sirve lograr un cambio si en pocos meses la legislación propuesta se revierte por un actor nuevo. O si lo que propones no tiene la solvencia suficiente como para ser defendido en el largo plazo por la parte con la que has negociado.

Por ello, la orientación a largo plazo en un proceso de negociación parte de una premisa fundamental: no estás negociando con un interlocutor al que no volverás a ver, como si estuvieras en un bazar extranjero. Cuando negocias el precio de un bien o servicio de vacaciones, lo haces sabiendo que probablemente no vuelvas a ver a tu interlocutor. Por eso ese tipo de negociaciones, en ocasiones, son agresivas. Intentas sacar el máximo beneficio. Sin embargo, si tienes una orientación relacional en el largo plazo con los actores con los que negocias, el incentivo es distinto. Entre otras cosas, porque puede que necesites volver a negociar. Si una compañía quiere instalar un parque solar fotovoltaico en una comarca, su aproximación a los decisores de la zona debe ser esa: el largo plazo. El parque va a estar los próximos veinticinco años. Si mientes, te pillarán. Y revertirán la instalación. Si eres agresivo puede que en esta ocasión te salgas con la tuya, pero habrá una siguiente negociación. Orientar las decisiones al largo plazo genera sociedades y relaciones más estables. Al menos, nosotros así lo creemos.

Asimismo, asumir el equilibrio de poder entre las partes contribuye a un mejor resultado en una negociación de estas características. Asumir que tu interlocutor tiene suficiente poder como para generar un peor escenario para ti es el mejor punto de partida para lograr un buen escenario. Asumir que tienes menos poder del que incluso creas que puedes tener es el mejor punto de partida para lograr un buen escenario. Despreciar a la otra parte suele salir mal y con una institución enfrente, todavía más. En una negociación entre una compañía de un sector estratégico y una institución pública, las dos partes tienen la capacidad de impedir lograr un objetivo positivo para ambas, para la sociedad en la que operan y representan. Si un gobierno no impulsa una legislación favorable, por ejemplo, a las inversiones en energías renovables, la transición hacia un nuevo modelo será más difícil. Pero si las empresas no toman un camino decidido hacia esa transición, ese camino será más lento. Probablemente con esa lógica ambas partes deban ceder y logren en la negociación un buen acuerdo.

La confianza es un catalizador del acuerdo. Desde esta perspectiva, tener certezas sobre la información que se comparte en una negociación contribuye al propio acuerdo, y una baja incertidumbre de la información de la que se dispone es determinante en este tipo de negociaciones. Si en una negociación se maneja mucha información reservada y no se quiere compartir, se puede anticipar un mal resultado. La información compartida contribuye, entre otras cosas, a entender las motivaciones y necesidades de la otra parte. Por eso amplificar el conocimiento del que se dispone e implicar a la ciudadanía suele ser, cada vez más, una buena idea y, más aún, cuando es probable que, antes o después, acabe trascendiendo esa información de la que dispones. Por último, compartir las necesidades comunes también determina el resultado de un proceso de estas características. Las enormes brechas que separan el sector público y privado, y la ausencia de socialización entre quienes toman decisiones en cada uno de estos sectores, contribuye en muchas ocasiones a desconfiar de las motivaciones y los objetivos del otro. Compartir las necesidades favorece la superación de las desconfianzas. Y, por el camino, suelen visualizarse necesidades compartidas. Pensar que tu interlocutor lo único que desea es frenar tu crecimiento económico es aventurado. En las instituciones suele haber funcionarios comprometidos y políticos con vocación de transformar la sociedad a la que representan. Pensar que tu interlocutor lo único que desea es hacerse rico, también puede ser aventurado. Si tu interlocutor tiene un objeto social difícil de defender ante la sociedad es probable que así sea. Pero si identificas en tu interlocutor a un directivo de una compañía cuya actividad tiene impacto positivo alrededor (en términos de empleo, aportación fiscal, innovación o desarrollo) probablemente ambas partes compartáis una visión del progreso económico y social que permita visualizar en algún momento que, en el fondo, ambos tenéis una vocación de construir nuestro contrato social y de contribuir, desde distintos prismas, al progreso económico de la sociedad a la que representáis y en la que operáis.

Esta actitud, esta forma de entender la negociación en las democracias liberales, esta forma de entender la política y la relación entre el mundo público y privado, es la que nos permitió, por ejemplo, promover la Misión Sanidad señalada anteriormente y que tuvo como uno de sus principales hitos el Pacto de Estado que proponía una hoja de ruta para transformar nuestro sistema sanitario, que fue firmado por representantes de PP, PSC, PNV o Más Madrid, que fue publicado debido a su interés informativo y científico en la revista *The Lancet,* cuyo proceso de negociación y acuerdo fue relatado a través de un documental que tuvo más 300.000 visualizaciones en sus primeros días, que fue presentado en el Parlamento Europeo y que fue reconocido por uno de sus firmantes, dos meses después nombrado secretario de Estado de Sanidad, al señalar que su participación en él le rompió los esquemas sobre la esencia colaboración de la público-privada y que fue valorado públicamente muy positivamente por todos quienes participaron. Un hito global, que puso de moda el acuerdo como forma de hacer política y que tuvo la atención de los principales medios de comunicación españoles, así como de la principal revista científica internacional. Una iniciativa excepcional en el ámbito de la incidencia pública.

Asistimos a los procesos de mediación, a los procesos de negociación asistidos, generando dinámicas entre las partes de la forma más neutral e imparcial posible, potenciando el intercambio de información efectivo, accionando vías de desbloqueo ante situaciones enconadas, estableciendo criterios objetivos para la buena toma de decisiones sostenibles en el tiempo, aportando conocimiento técnico sobre los aspectos endógenos al proceso que se está negociando o validando las soluciones y acuerdos alcanzados con experiencias previas similares para garantizar la viabilidad del resultado final. Atendiendo a las recomendaciones de Coleman & Deutsch (1994), establecemos una alianza de trabajo con las partes, mejorando el clima entre los negociadores, abordando los problemas a través de la creatividad, generando las condiciones y los incentivos para llegar a un acuerdo o, en palabras de Lewicki, pasando de tener una interdependencia negativa de las partes a una interdependencia positiva, asumiendo que tener objetivos interdependientes no significa que todos quieran o necesiten lo mismo para alcanzarlos. Al fin y al cabo, todos aspiramos a poder ir tranquilos por la calle, la máxima expresión del buen funcionamiento de un contrato social.

Siguiendo la tradición de la escuela de Harvard, y en particular de Roger Fisher y William Ury, proponemos una metodología basada en los principios, aplicada tanto a procesos de mediación como de negociación, separando a las personas de los problemas, centrándonos en los intereses, y no en las posiciones, generando opciones colaborativas, insistiendo en el uso de criterios objetivos o conociendo la mejor alternativa a un acuerdo negociado. Sumándose, además, a una metodología transformativa (conectada con nuestra visión del papel transformador de las empresas) desarrollada por primera vez por Robert A. Baruch Bush y Joseph P. Folger en *The Promise of Mediation* (1994), que asume el proceso de mediación desde el empoderamiento de las partes como fase inicial necesaria para establecer el reconocimiento mutuo, como preceptos previos para lograr soluciones y alcanzar acuerdos, y midiendo el éxito no por el hecho de acabar con el conflicto, o las discrepancias, sino por los cambios de las partes hacia la fortaleza personal, la capacidad de respuesta interpersonal y la interacción constructiva. Desde esta perspectiva, a medida que las partes hablan y se escuchan, construyen nuevos entendimientos de sí mismos y de su situación, examinan críticamente las posibilidades de las que disponen y toman sus propias decisiones que también pueden incluir soluciones, focalizándonos en la comunicación, identificando oportunidades para el empoderamiento y el reconocimiento.

Para nosotros, la negociación es un recurso estratégico, pero es sobre todo un principio filosófico y una actitud ante la vida. Si todos negociamos un poco más, conviviremos mejor. La negociación permite, en el terreno de las políticas públicas, en la construcción del contrato social, la generación de escenarios más estables y, por tanto, más favorables al desarrollo y progreso económico y social. Y en el terreno humano, sociedades mejor interrelacionadas, generando un capital social positivo (Putnam) que fortalece la calidad de las democracias.

10

LA COMUNICACIÓN DIRIGIDA AL EMPODERAMIENTO

«Recuerda, todo gran poder conlleva
una gran responsabilidad».

TÍO BEAN, *Spider-man*

Sobre el poder, su esencia, definición y cómo ponerlo en práctica, se han publicado numerosos ensayos, tratados, manuales e, incluso, novelas. Llegados a este punto, nos limitaremos a recordar que el poder es la capacidad de hacer que las cosas pasen (Follet, 1920) o la capacidad de prevenir o provocar acciones para que las cosas pasen y la arbitrariedad de decidir reaccionar o no actuar cuando las cosas pasan (Coleman, 2014). En el capítulo anterior, señalamos cómo la negociación, entre otras cosas, es una fuente de poder. Y cómo la negociación resuelve o evita los conflictos. La realidad es que el conflicto y el poder tienden a viajar siempre juntos. Porque el conflicto suele ser consecuencia de las diferencias de poder. De hecho, la gran mayoría de los conflictos ocurren

entre personas y grupos con diferencias de poder. Y nosotros, en definitiva, asesoramos a nuestros clientes en
conflictos entre grupos de poder.

Y cuando hay abusos de poder, generalmente, la parte débil solo se puede defender en las democracias liberales de dos maneras. Por un lado, a través de los tribunales. El Estado de derecho existe, sobre todo, para
limitar al poder, defenderse de sus abusos y proteger a
los ciudadanos. La justicia es justa, es estable, pero es
lenta. Y, por el otro, y con una lectura más actualizada
del funcionamiento de las sociedades contemporáneas,
a través de la comunicación. Por eso cada vez (injusta-
mente, o no) es más relevante el seguimiento mediático
de los propios juicios. Y por eso cada vez más las principales batallas entre los grupos de poder no se dan bajo
tierra, o en el coliseo, sino en la esfera pública o a través de los medios de comunicación. Y de forma descar-
nada. Puede gustar o no. El siglo XX tenía algunas ventajas. Pero nos ha tocado vivir el siglo XXI. La legitimidad
y la reputación importa y cuando se genera un agravio
toca alzar la voz. Luchar. Comunicarse. Reivindicarse.
Ganar. La esfera pública, que es tanto digital como ana-
lógica, es el espacio principal de lucha del poder con-
temporáneo.

La negociación y la comunicación están interrelacionadas. De hecho, en la metodología circular narrativa, la comunicación adquiere un papel fundamental, al
ser una metodología orientada no solo al acuerdo, sino
también a la modificación de las relaciones de las partes

en conflicto, considerando como premisa que, si cuando las partes acuden a una negociación, ya se consideran adversarios entre sí, contribuyendo de esa forma a la generación de acusaciones, reproches y autojustificaciones, si se modifican las narraciones negativas, estaremos también transformando esa falsa realidad, tratando de cambiar la historia que cada una de las partes en conflicto ha asumido previamente al proceso de negociación. En definitiva, rompiendo los prejuicios preexistentes entre las partes antes de iniciar un proceso de estas características.

Desde esa perspectiva, antes de iniciar cualquier negociación, o ante cualquier reacción frente al abuso del poder, lo fundamental es el *framing* que sirve como punto de partida. El marco que nos permite conectar con la sociedad. El campo de juego desde el que dotarnos de legitimidad social alineando, de nuevo, el objeto social con el objetivo social de nuestra iniciativa. Conectando el interés particular con el interés general. Esto es algo que en la política los principales expertos entienden a la perfección. El marco del debate lo condiciona todo: ¿quién está a favor de que los «okupas se queden con nuestras casas»? ¿Quién está a favor de que «el Estado nos quite nuestro dinero»? ¿Quién rechaza que las empresas «generen riqueza»? ¿Quién puede rechazar «que paguen más los que más tienen»? ¿Quién puede estar en contra de que «trabajemos menos y descansemos más»? Los partidos políticos luchan constantemente por el marco a través del cual desarrollan sus propuestas en todas las direcciones. Las empresas, o las organizaciones sociales, en muchas ocasiones, olvidan a la hora de plantear sus debates que el juego en el que participan implica a la sociedad y que, desde esa perspectiva, es un juego político y deben usar las herramientas propias del poder político. No basta con tener razón, lo fundamental es que haya una mayoría social que considere que tienes razón. Y es lo que determina la legitimidad y estabilidad del resultado final.

Los marcos en el debate público pueden ser impuestos por los actores políticos, por los medios de comunicación, por circunstancias externas... Pero también por cualquier actor que participe del debate público. Lo visualizamos permanentemente entre el ruido, que nos dedicamos a descifrar, de la conversación digital. Esta participación y nueva conversación pública está protagonizada por empresas, organizaciones sociales o ciudadanos anónimos. Porque el triunfo de un marco determinado siempre está en juego y aunque no puedes hacer que las cosas sucedan, porque no tienes apenas poder, puedes condicionar lo que significan, y eso te da poder. Y determinar el significado de las cosas que suceden es lo que resuelve el desarrollo de una negociación. Son los resortes a partir de los cuales vas a poder apalancarte. Por ejemplo, negociar la tramitación del fondo de sostenibilidad del sistema eléctrico a partir de «esto va en contra de las empresas y la actividad económica» tiene un público muy limitado. Esto no va de tener razón, sino de que una mayoría social crea que la tienes. Sin embargo, señalar que «esto va en contra de las capas más vulnerables de la población y es una política regresiva que solo tiene en cuenta a las ciudades» puede generar más adeptos. Una narrativa que proponga evitar que haya ciudadanos de primera y de segunda, ganadores y perdedores de la globalización, como aprovechan los movimientos políticos más intuitivos, tiene muchas más posibilidades de éxito.

Nos gusta Paolo Sorrentino, y escribimos desde uno de los espacios que han protagonizado alguna de sus películas, porque los directores de cine, o los guionistas, resultan inspiradores para quienes escribimos historias. Y para generar los marcos que se desarrollan en el debate público hay algo relacionado con ser un buen guionista de historias. El ser humano conecta con historias contadas por otros seres humanos. Porque las emociones conectan entre emociones. Hay quien incluso ya teme que puedan ser consecuencia de la inteligencia, no de las personas, sino de la artificial. La Misión Sanidad, el Pacto de Estado por la transformación del sistema sanitario en España, no hubiera tenido el mismo impacto, ni la misma relevancia, sin una buena historia. Por eso hicimos un documental. Dedicamos mucho tiempo a escribir historias. Al *storytelling*. La historia que contamos no fue la de la transformación del sistema sanitario basado en la prevención frente a la atención hospitalaria. Que es el tema de fondo. Sino en la capacidad que tuvieron políticos de distintos partidos de ponerse de acuerdo para la transformación del sistema sanitario.

Porque una historia donde el pacto entre diferentes es posible es una buena historia. Y el antecedente para convertirla en realidad.

En el desarrollo de la comunicación, la capacidad de conectar tus emociones con la de los demás es condición necesaria para el éxito del proceso. Y, para eso, la asertividad es un valor fundamental. La asertividad requiere la adopción de una actitud estratégica y la capacidad de comunicarse de forma efectiva a través de tres principios: la claridad sobre la posición negociadora, la flexibilidad y la predisposición para alcanzar acuerdos y la capacidad de mantener una comunicación abierta dispuesta a recibir *feedback*. Algo que podría resumirse también en tener una comunicación directa, abierta y honesta. Y que en resumen requiere de un espíritu crítico, cuidar la expresión verbal y no verbal, y creer genuinamente en aquello que se defiende. Cuando un cliente no es capaz de convencernos de aquello que plantea proponer, le sugerimos o explicarlo de otra manera o defender otra cosa. Porque si la sociedad no percibe genuinamente la naturaleza de una propuesta, es difícil convencerla de tus razones.

En este ámbito entra en juego también la persuasión o la capacidad de convencer, superando una de las premisas fundamentales de la economía que es la asunción de que cada individuo es perfectamente racional. Algo que es falso. Según este parámetro, los ciudadanos ordenamos nuestros resultados maximizando los pagos asociados a cada estrategia, siendo la opción más ventajosa siempre la estrategia óptima. Sin embargo, esta línea argumental ha sido duramente criticada, especialmente tras la crisis financiera de principios de este siglo, por la neuroeconomía, la economía conductual o economía del comportamiento (Daniel Kahneman, *Thinking Fast and Slow*). Estos descubrimientos de corte psicológico demostrarían que el ser humano no siempre reacciona de forma racional ante determinadas decisiones debido a una serie de sesgos cognitivos que afectan al procesamiento de la información. Por ello, prestar atención a cómo comunicamos las cosas importa. Porque cómo lo hacemos puede alterar el comportamiento de los demás. Y la persuasión es clave.

Los procesos de influencia, señala Nick Morgan (*Harvard Business Review Press*, 2014), tienen fundamentalmente tres componentes: el poder posicional (señalado anteriormente, el poder es relativo), las emociones (condicionadas por las historias que contamos, nuestra asertividad y capacidad de persuasión), y el *expertise* o conocimiento técnico (por eso es fundamental legitimar las causas en la generación de nuevo conocimiento y el papel de los expertos que otorgan a la comunicación). Desde esta perspectiva, es relevante que el proceso de incidencia pública no esté protagonizado (solo) por buenos oradores, sino por (sobre todo) grandes expertos: profesionales con conocimientos económicos (que defiendan con solvencia las propuestas que sugieren), profesionales del derecho (que entiendan la dimensión de un proceso de regulación parlamentario) o, de manera más amplia, por profesionales científicos (con capacidad de garantizar la calidad de los elementos que se ponen en circulación en un debate).

Una aproximación que evidencia, una vez más, la importancia de que los expertos de comunicación en las empresas y las organizaciones deben estar en el centro del proceso de toma de decisión. Porque, como vemos de nuevo, la comunicación es un elemento transformador a través del cual se ejerce el poder. Y este libro es una guía, en definitiva, sobre cómo relacionarse desde y con el poder.

EPÍLOGO

La incidencia pública es un proceso de participación y una práctica de empoderamiento de las organizaciones empresariales, institucionales o sociales, dirigido a aumentar sus derechos o capacidades, implicando a quienes tienen el poder y a la sociedad que lo legitima, la licencia social, convenciéndoles a través de la generación o el intercambio de conocimiento, la articulación de alianzas o la movilización social, de que su visión, causa o interés, impacta positivamente en el interés general, genera palancas para la transformación y constituye una de las bases del funcionamiento de las democracias. Estamos ante un proceso que desarrolla un derecho fundamental, el de participación, y ante una práctica que contribuye a la articulación de las demandas sociales, un precepto básico de la democracia, que, además, tiene la capacidad de alinear un beneficio positivo para la organización y, a su vez, para el entorno. A través de la incidencia pública podemos apoyar causas para defender las necesidades, visiones y circunstancias de un grupo que se organiza, reivindica su papel en el proceso de toma de decisiones y lo defiende legítimamente.

En esta guía proponemos una aproximación para liderar este proceso, a partir de una visión transversal de la negociación dirigida al acuerdo y la comunicación entendida globalmente también como un instrumento para el empoderamiento. Asimismo, sugerimos una filosofía, una actitud y una metodología que consideramos efectiva para llevarlo a cabo, contribuyendo con nuestras decisiones a la construcción de un nuevo contrato social que favorezca escenarios de estabilidad, igualdad y desarrollo.

Concluimos con la vocación de haber compartido nuestra visión sobre cómo deben participar las empresas y las organizaciones sociales en el debate público, qué papel tienen en las democracias consolidadas, o cómo sumar a la ciudadanía en las grandes transformaciones económicas. Con un punto de partida: la incidencia pública tal y como la concebimos solo es posible en los regímenes democráticos. Es consustancial a ellos. Porque es un instrumento que implica a la ciudadanía en el proceso de toma de decisiones.

Y, como hemos visto, tras décadas de una práctica empresarial consolidada en el mundo anglosajón y practicada en España durante muchos años por el tercer sector, la incidencia pública es el nuevo superpoder que tienen las organizaciones para lograr la licencia social e impulsar los grandes cambios de abajo arriba y no solo de arriba abajo. El mejor antídoto contra el «capitalismo de amiguetes».

El derecho de participación recogido en las constituciones de las principales democracias liberales requiere de técnicas y profesionales cualificados, como hacen los abogados para defender a sus clientes, con una alta sensibilidad social, una elevada capacidad para entender los cambios de fondo y una visión global de la economía y la sociedad que genere alianzas entre el sector público y privado respondiendo al interés general. Con una visión liberal del poder. Y con una visión democrática de la economía. Porque las empresas son algo más que una comercializadora de servicios y productos. Porque sus decisiones impactan en las sociedades donde operan. Porque su implicación es imprescindible para impulsar el progreso económico y social. Porque ninguna gran transformación se logra unilateralmente.

Y, ahora que ya dispones de una nueva guía para ejercer el poder en el siglo XXI, las grandes transformaciones están ahí fuera esperándote.

Nuestros mejores deseos.